Norbert Giesow

Astrologie und Beziehungen

Norbert Giesow

ASTROLOGIE & BEZIEHUNGEN

ARCHE NOAH
Musik ☆ Buchverlag

Der Verlag und der Autor übernehmen keine Haftung für Schäden irgendwelcher Art, die sich direkt oder indirekt aus einem falsch verstandenen Gebrauch der hier vorgestellten Systeme ergeben könnten.
Alle Ratschläge in diesem Buch sind von Autor und Verlag sorgfältig geprüft worden, dennoch kann eine Garantie nicht übernommen werden.

ISBN 3-931721-49-3

D - 86971 Peiting
Tel.: 0700 – 27243 6624 (Arche Noah)
Fax: 0700 – 27243 6634
E-Mail: verlag-arche-noah@t-online.de
Internet: www.verlag-arche-noah.de

Lektorat: Silke Ahnefeld
Satz: SatzLabor Vera Monz, A-6020 Innsbruck, www.satzlabor.com

Inhaltsverzeichnis

Vorwort

Wie wir wissen, ist die Astrologie nahezu universell einsetzbar. In unserem Buch *„Astrologie und Spiritualität"* haben wir nicht nur eine umfassende Einführung in die Astrologie beschrieben, sondern auch gezeigt, dass die Astrologie ebenso als eine Form der Einweihung verstanden werden kann, die es uns ermöglicht, konkrete Schritte zu unternehmen, um unser wahres Wesen zu erfassen und dieses zu verwirklichen.

Spirituelle Astrologie kann uns aus der Verblendung führen. Sie zeigt uns den Horizont jenseits unserer Persönlichkeit. Wenn uns unsere wahre Natur bewusst ist und wir demnach erleuchtet sind, dann brauchen wir dieses Wissen nicht. Wenn wir allerdings noch auf der Suche sind, dann kann es für uns sehr interessant sein, das größere Ganze auch einmal zu verlassen und auf Teilbereiche des Lebens zu schauen. Die **universelle Einsetzbarkeit** der Astrologie macht es möglich, diese auch für weltpolitische Fragen zu nutzen, mögliche Wettereinflüsse zu prognostizieren, sie auf gesundheitliche Fragen anzuwenden und mit ihr unsere Beziehungen zu untersuchen.

Mit dem Begriff **„Beziehungen"** haben wir das wichtigste Thema des Buches benannt. Wir werden uns nicht auf dieses allein beschränken, sondern den Rahmen unserer Untersuchungen erweitern. Unser Weg in ***„Astrologie und Beziehungen"*** wird uns zu der Frage nach dem gültigen Tierkreis führen. Wir werden uns intensiv mit den Verhältnissen der Zeichen im Tierkreis untereinander beschäftigen und wir werden einen Bogen schlagen bis hin zur Spiritualität in den Beziehungen.

Anmerkung:
An dieser Stelle fügen wir die Darstellung eines Horoskops ein, damit wir einen Eindruck davon bekommen, wie ein solches aussieht. Grundsätzliche Informationen zu den Symbolen und der Deutung des Horoskops gibt es in unserem Buch *„Astrologie und Spiritualität"*.

Hier bilden wir das Horoskop ab von Lhamo Dondrub, dem aktuellen Dalai Lama.

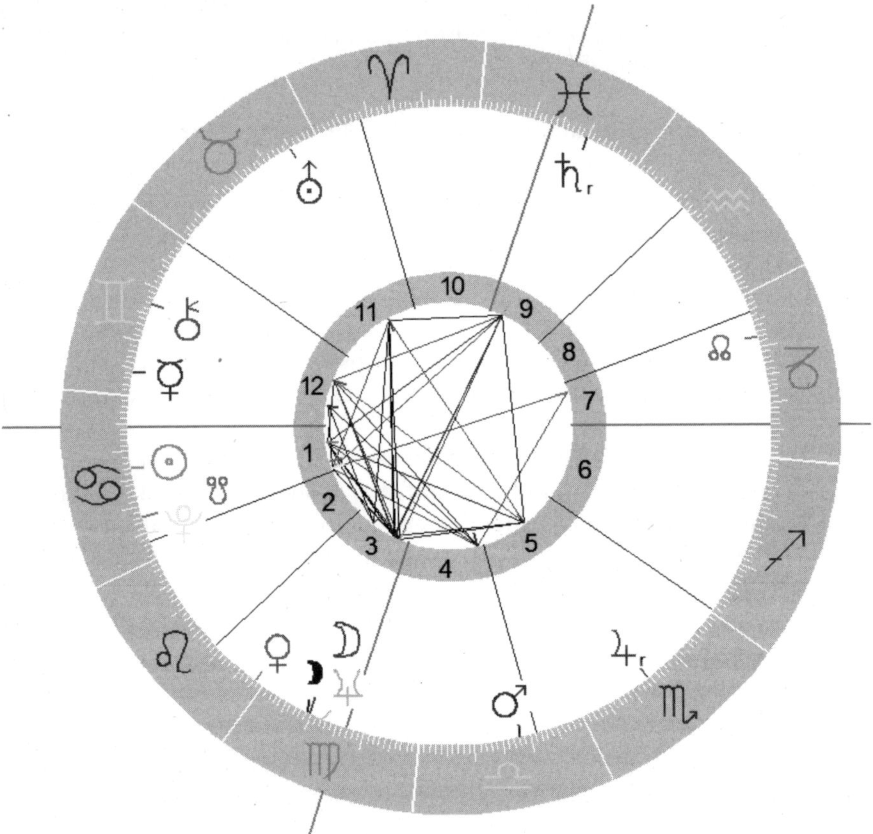

Horoskop des Dalai Lama

Im weiteren Verlauf dieses Buches wird uns besonders interessieren, wie die zwölf Tierkreiszeichen miteinander Beziehungen führen, worauf dort zu achten ist, welche Energien gut und leicht zusammenwirken und welche Probleme miteinander haben. Dabei ist uns bewusst, dass mit den zwölf Tierkreiszeichen Typen beschrieben werden, die es so in der Natur gar nicht gibt. Wir beschreiben **Archetypen**. Es gibt nicht den Schützen, aber es gibt Menschen, die eine starke Betonung des Schützen im Horoskop haben und deren Leben davon mitbestimmt wird. Sollte es unser Partner sein, der diese Betonung des Schützen aufweist, dann kann es hilfreich für uns und das langfristige Gelingen unserer Beziehung sein, wenn wir dazu gezielte Informationen besitzen.

Wissen ist Macht. Damit ist gemeint, dass, wenn wir mehr wissen, wir dann auch mehr machen können. Beginnen wir demnach damit, mehr darüber zu erfahren, was uns helfen kann, gezielter zur klaren Umsetzung unseres wahren Wesens zu gelangen. Bevor wir daran gehen, diese Archetypen anhand der zwölf Tierkreiszeichen mitsamt ihren Beziehungen zu beschreiben, widmen wir uns der wichtigen Frage nach dem „richtigen" Tierkreis.

Die Frage nach dem gültigen Tierkreis

Immer wieder sollten wir unser Wissen überprüfen. Stimmt es noch überein mit dem, was wir erfahren haben? Sind wir in unserem Erkenntnisprozess oder in der Entwicklung unseres Bewusstseins einen Schritt vorangekommen und müssen wir unser Wissen dem nun angleichen?
Auch in der Astrologie ist es von immanenter Wichtigkeit, dass wir ihre Grundlagen, so wie wir diese verstehen, immer wieder überprüfen. Alles in der Astrologie beginnt und endet mit dem Tierkreis. Der Tierkreis ist die Matrix, die Basis unserer Betrachtungen. Wie wir noch erfahren werden, hat die Wahl des Tierkreises auch mit der Wahl der Ausrichtung unseres Bewusstseins zu tun. Von daher erachten wir die Frage nach dem gültigen Tierkreis als sehr wichtig.

Wir unterscheiden zwei Arten, um den Tierkreis festzulegen. Diese sind der **siderische** und der **tropische Tierkreis**. Der siderische Tierkreis richtet sich an den tatsächlichen Sternbildern aus, während der tropische Tierkreis auf den Frühlingspunkt berechnet wird.
Der **siderische Tierkreis** symbolisiert unsere Verbindung mit den Sternen. Die Ebene der Sterne ist die uns Menschen überlegene Form an der wir teilhaben, denn der Mittelpunkt unseres Systems, die Sonne, ist auch ein Stern. Von der Erde aus gesehen zieht die Sonne jeden Tag ihre Bahn, diese scheinbare Bahn der Sonne heißt Ekliptik. Im Laufe eines Jahres macht die Sonne einen Umlauf durch die Ekliptik. Aus den verschiedenen Positionen der Sonne auf dieser geneigten Bahn ergeben sich die Jahreszeiten. Wir können den Beginn des Jahres auf den Eintritt der Sonne in den Widder legen. Dies ist dann der Frühlingspunkt und die Deutungsgrundlage des **tropischen Tierkreises**.

Anmerkung:
Ohne allzu sehr in die Einzelheiten gehen zu wollen sei hier gesagt, dass sich die Ausrichtung der Erde im Laufe der Jahre allmählich ändert (ca. 1 Grad in 72 Jahren). Somit verschieben sich tropischer und siderischer Tierkreis immer mehr. Der Abstand beträgt im Jahr 2003 ca. 24 Grad.

Die scheinbare Bewegung der Sonne im Laufe des Jahres gibt es nur von der Erde aus gesehen. **Die tropische Sichtweise** ist demnach eine erdgebundene Betrachtung. Solange wir uns mit unserem Ich identifizieren, sind wir auf die Erde bezogen. Hier ist der tropische Tierkreis die richtige Wahl. Aber erst die Betrachtung der **Zusammenhänge jenseits unseres Planeten-**

systems führt aus der Erdgebundenheit heraus. Wenn wir uns mehr in Richtung der Sonne/der Sterne hin entwickeln, wird der siderische Tierkreis als Basis unserer Ausrichtung immer wichtiger. Damit soll aber nichts Abwertendes über das Leben auf der Erde gesagt sein, denn nur sie macht Entwicklung und Verwirklichung in dieser Form möglich. Zusammen mit den anderen Planeten und Himmelskörpern in unserem System macht sie unsere Realität, so wie wir sie kennen, zur Tatsächlichkeit.

Eine höhere Ordnung

Das Leben oder die Inkarnation auf der Erde ist polar. Einheit ist meistens eine Idee. Immer wieder hat es in der Geschichte der Menschheit Durchbrüche im Bewusstsein gegeben, Menschen sind erwacht und haben die Wahrheit erkannt. Was einem von uns möglich ist, ist jedem von uns möglich. Und wenn wir bedenken, wie viele dieser Menschen nach ihrer Erleuchtung nicht darüber gesprochen haben, dann müssen wir die Zahl der Erwachten unter uns deutlich erhöhen.

Es ist unsere Aufgabe, unsere Möglichkeiten wahrzunehmen. Jeder Mensch hat ein unterschiedliches Schicksal, Karma oder Kismet, aber ausgehend von diesem kann er sich in der Übung von Tugenden schulen, die ihn dann allmählich verwandeln. Diese **Verwandlung** führt früher oder später in die Einheit. Der Horizont erweitert sich, wir blicken auf und erkennen den weiten unbegrenzten Raum um uns herum. Am Tag nennen wir diesen Raum den **Himmel**, nachts sehen wir an ihm die **Sterne**. Wenn wir die Sterne betrachten, dann sehen wir Strukturen, in denen auch die Sterne geordnet scheinen. Die **Galaxien** sind Sternensysteme, in denen sich Tausende von Millionen von Sternen ordnen. Die Galaxien wiederum ordnen sich in so genannten Kugelhaufen. Wir erkennen, dass es in allen Ebenen Ordnung gibt. Diese höhere Ordnung wird deutlich durch die kosmischen Gesetze. Mit Hilfe der Astrologie können wir die kosmischen Gesetze kennen lernen.

Der sagenhafte Seher und Astrologe Hermes Trismegitos beschrieb die höhere Ordnung durch den Zusammenhang von Mikrokosmos und Makrokosmos. Sein Ausspruch lautet: „Dasjenige, welches sich oben befindet, entspricht demjenigen, welches sich unten befindet und dasjenige, welches sich unten befindet, entspricht demjenigen, welches sich oben befindet." Kurz gesagt: **„Wie oben so unten"**.

Diese Zusammenhänge nennen wir **Analogien**. Die Verwendung der Astrologie ist die Anwendung des Gesetzes der Analogie. Wir stellen die Geschehnisse in unserem Sonnensystem in ein analoges Verhältnis zu den Menschen auf der Erde. Im Gegensatz zum herrschenden logischen und kausalen Denken in unserer Gesellschaft und in der Wissenschaft kann nur das analoge Denken uns neue Zusammenhänge ermöglichen.

Unser Planetensystem mit der Sonne als Mittelpunkt ist eingebettet in eine höhere Ordnung. Die Sonne ist Bestandteil der Galaxie „Milchstraße". In unserem Sonnensystem bildet die Sonne das Zentralgestirn. Sie steht im Mittelpunkt von allem. Sie liefert das Licht und die Energie für Bewegung und Leben. Die Planeten bewegen sich auf elliptischen Bahnen um die Sonne herum. Die moderne Astronomie vermutet, dass es auch in Galaxien einen Mittelpunkt gibt, ein so genanntes „Massezentrum“.

Analoges Denken zeigt, dass es Zusammenhänge gibt zwischen Systemen oder Ideen, die eigentlich nicht miteinander in Verbindung stehen. Wir Menschen können uns in die Analogien mit einbeziehen. Wir selbst sind auch eine Art von Sonne und sind Mittelpunkt eines eigenen Planetensystems. Auch hier gibt es eine Analogie zwischen dem inneren psychischem System und dem Leben in der Außenwelt. Die Planeten symbolisieren dabei Teilbereiche des Systems. Dabei werden sie von uns gerne veräußerlicht. In der Psychologie spricht man auch von **Projektion**. In manchen religiösen oder philosophischen Betrachtungen unserer Welt wird sogar unsere gesamte Realität als Projektion oder Maya bezeichnet.

Was hat das nun alles mit **Beziehungen** zu tun? Wir finden es sehr wichtig, aus der höheren Ordnung heraus zu erkennen, wie wir in die Welt eingebunden sind. Unsere Beziehungen gehören zu den effektivsten Mitteln, um uns unsere Schatten deutlich zu machen und bieten von daher die große Möglichkeit, bewusster und wacher zu werden. Alles steht in Beziehung zu allem. Wenn wir das deutlich machen können und wenn wir damit ein größeres Verständnis für die Astrologie wecken können, dann hat dieses Buch seinen Zweck erfüllt.

Der Mensch in Beziehungen

Der Mensch ist ein Gruppenwesen. In früheren Zeiten war dies auch notwendig, da der Einzelne alleine nicht überlebensfähig gewesen wäre. Der Schutz der Gruppe ist aber nicht der einzige Grund, warum der Mensch sich zu Seinesgleichen hingezogen fühlt, sondern der Mensch ist einfach gern mit anderen Menschen zusammen. Er ist gesellig und er ist kommunikativ. Daher zieht es ihn in Kontakt zu anderen Menschen. Der Mensch bringt sich gern zum Ausdruck, er redet, gestikuliert und tauscht sich gern mit anderen aus. Vielleicht hat ein Teil der schnellen Entwicklung der Menschen damit zu tun, dass sie durch den ständigen Austausch immer wieder Rückmeldungen erhalten haben. Diese Rückmeldungen haben dafür gesorgt, dass die Menschen sehr viele Informationen zur Verfügung hatten, die wiederum zu einem Zuwachs an Wissen führten. Außerdem kann der Mensch sein Wissen und sein Verhalten durch die Rückmeldungen ständig korrigieren. Der Mensch ist ein Wesen, welches sich selbst immer weiter verbessern will. Das gilt natürlich auch für uns. Doch besonders wichtig ist es, dass wir uns auch **moralisch weiterentwickeln**, so dass unser Bewusstsein mit unseren technischen Möglichkeiten parallel wächst. Es wäre schön, wenn unsere Entwicklung auch den Zuwachs an Mitgefühl anstreben würde, welches auf das Verständnis anderen Wesen gegenüber ausgerichtet ist. Wenn wir uns anderen gegenüber wenigstens aller habgierigen, missgünstigen und negativen Äußerungen und Handlungen enthalten können, erschaffen wir automatisch weniger „schlechtes Karma“. Wenn wir sogar aktiv dazu beitragen, indem wir liebevoll zuhören und echten Anteil nehmen, bereiten wir uns „gutes Karma“.

Es gibt die Auffassung, dass **Beziehungen der schnellste Weg zum Wachstum** sind und das hinter jedem Problem ein Beziehungsproblem steht (Chuck Spezzano). Wir Menschen sind sehr stark an Kommunikation, Interaktion und Beziehung interessiert. Es ist unsere grundlegende Prägung und diese wirkt ein auf unser Zusammenleben. Wir wollen uns im nächsten Kapitel der Gruppe zuwenden. Im Weiteren werden wir sehen, dass die Gruppe sich zur Familie wandelt.

Die Gruppe

Wir gehen davon aus, dass der Mensch sich als ein Wesen in einer Gruppe entwickelt hat. Die Gruppe war die prägende Umgebung für den Menschen.

Auch für die Sicherung der Neugeborenen war die Gruppe der ideale Schutz. Da das menschliche Kind viele Jahre braucht, bis es für sich selbst sorgen und sich verteidigen kann, muss das Verhältnis der Menschen untereinander in der Gruppe relativ stabil gewesen sein. Nur so war gewährleistet, dass die Kinder einen stabilen Ort zum Aufwachsen hatten. Das starke weltweite Bevölkerungswachstum zeigt, dass wir Menschen zumindest in diesem Punkt erfolgreich waren.

Anmerkung:
Vielleicht lassen sich manche Persönlichkeitsstörungen auch damit erklären, dass die Menschen heutzutage nicht mehr in Gruppen aufwachsen. In einer Gesellschaft, in der es sehr viele Alleinerziehende gibt, haben wir sogar oft nur den Einfluss eines Geschlechts auf die Entwicklung eines Kindes und so mag es als Mangel empfunden werden, dass den Kindern die Eindrücke fehlen, die durch verschiedene Menschen entstehen. In einer Gruppe, in der unterschiedliche Vertreter beider Geschlechter Einfluss auf die Erziehung nehmen, ist damit auch der Umgang mit weiblichen und männlichen Bezugspersonen üblich und somit normal. Auch viele **Störungen in Beziehungen** können so erklärt werden. Wenn in der Partnersuche die Begegnung mit dem anderen Geschlecht zum ersten Mal stattfindet, dann liegt es auf der Hand, dass erst einmal geübt werden muss, damit Kontakt, Austausch und Kommunikation überhaupt funktionieren.

In der Zeit, als der Mensch sich aus dem Affen entwickelte, lebte er in Gruppen. Die Gruppe gewährte ihm Schutz und Sicherheit. Manche unserer tieferen inneren Prägungen stammen aus dieser Zeit. In seinem Inneren ist von daher auch der heutige Mensch ein Gruppenwesen geblieben. Damals wie heute gab es aber auch Menschen, die lieber allein blieben, sich absonderten und als Einzelgänger lebten. In der Gruppe kamen die Menschen als Paare zusammen, um sich dem Selbsterhaltungstrieb hinzugeben und Kinder zu zeugen. In der Phase der menschlichen Entwicklung blieben diese Paare in der Regel nicht zusammen. Die Kinder gehörten zur Gruppe und erfuhren ihren Schutz. Sie bildeten den Bestand und damit die Zukunft der Gruppe, aber sie bedeuteten auch Gefahr, da sie die Gruppe angreifbarer machten.

Man mag sich fragen, was diese Dinge nun mit unseren Thema Astrologie und Beziehungen zu tun haben. Sie haben eine ganze Menge mit unseren Beziehungen zu tun, denn alle diese unbewussten Gefühle aus der Zeit des Lebens in der Gruppe sind weiterhin in uns wirksam.

Anmerkung:
Das Unbewusste beinhaltet Anteile und Einflüsse aus allen Zeiten, so gibt es animalische Teile, die ganz klar unsere Verwandtschaft mit den Tieren zeigen. Des weiteren gibt es Bereiche, die aus der Zeit herrühren, in der wir tatsächlich in Gruppen gelebt haben. Das sind Prägungen im Unterbewusstsein, die immer auf Gefahr eingestellt sind. Es gibt aber auch

Erinnerungen an die Zeit der großen Verbundenheit. Diese rührt aus der Zeit her, als wir mit allen und allem verbunden waren. Mit normalem Zeitempfinden hat das allerdings wenig zu tun. Das Unbewusste wirkt in uns als Unterbewusstsein. Je mehr wir darüber wissen, umso besser können wir mit den Einflüssen aus unserem Unterbewusstsein umgehen.

Wir wollen nun den nächsten Schritt gehen und uns anschauen, wie aus der Gruppe immer mehr eine Großfamilie wurde. Damit entstand eine neue Prägung durch das Aufkommen des Familienverbundes.

Die Familie

Aus der Gruppe heraus bildete sich in der Folgezeit die Sippe. In der Gruppe setzten sich die Individuen durch, die die besten Voraussetzungen hatten, um überleben zu können. Diese starken Individuen konnten sich – ähnlich wie im Tierreich – auch am besten fortpflanzen. Damit kam es in den Gruppen zu einer Dominanz der Gene dieser starken Individuen. Da Verwandte (wie z. B. Geschwister) oft ähnliche genetische Veranlagungen hatten, kam es dann auch zu immer größeren Bildungen von Verwandtschaft innerhalb der Gruppe. Somit wurde die Gruppe immer mehr zur Sippe und die Sippe kann als Vorläufer der Großfamilie betrachtet werden.

Über lange Zeit hinweg war es die **Großfamilie**, die zu unserer Hauptprägung geworden ist. In ihr gab es meist Vertreter beider Geschlechter wie Cousins und Cousinen, Tanten und Onkel etc. Auch verschiedene Altersklassen waren in der Großfamilie vertreten. Manchmal lebten drei Generationen zusammen. Das bedeutete für das soziale Umfeld, dass die heranachsenden Kinder Kontakt mit Vertretern beider Geschlechter hatten und sowohl die ältere Generation als auch die nachwachsende Generation vor Augen hatte. Heutzutage weisen wir die Alten ein ins Altersheim und die moderne Familie hat höchstens ein bis zwei Kinder. Damit ist der Umgang der Kinder sehr eingeschränkt und genau das ist unserer Meinung nach einer der Gründe, warum es uns so schwer fällt, befriedigende und langfristige Beziehungen zu leben. Aber auch in der **Großfamilie** galten zum Teil sehr strenge Regeln. Das Leben war hart und im Gegensatz zu heute galt als Hauptziel das Überleben. Die zunehmende Regulierung des Lebens regelte dann auch den Umgang untereinander. Die Kinder lernten sich anzupassen und die Regeln zu befolgen.

Aus der Großfamilie wurde im Laufe der Zeit die **Kernfamilie**. Die Eltern lebten immer öfter allein mit ihren Kindern. Immer mühsamer wurde es den

Menschen, ihre alten Eltern zu versorgen. Damit wurden Alter und Tod immer mehr zu Tabuthemen der Gesellschaft und es wurde immer mehr zur Regel, die alten Eltern nicht selbst zu versorgen und wenn nötig zu pflegen. Dies war und ist teilweise in den der Natur noch mehr verbundenen Ländern und auf dem Dorf so üblich. In den modernen Städten ersetzen jedoch immer mehr Heime diese Aufgabe und die alten und kranken Eltern und Großeltern kommen ins Alten- oder Pflegeheim.

Mit der Entwicklung und Verbreitung der „Pille“ gab es für die Frau die Möglichkeit der Geburtenkontrolle. Das führte dazu, dass die Anzahl der Kinder in einer Familie begrenzt wurde. So verloren die Menschen immer mehr den Bezug durch die Gruppe und Großfamilie. Was bis heute geblieben ist, ist die Kernfamilie. Diese besteht in der Regel aus Vater, Mutter und Kindern. Ein weiblicher und ein männlicher Teil wurden damit zu den grundlegenden Prägungen der Kinder. Da war der Vater, der meist nur abends oder am Wochenende präsent und sonst bei der Arbeit war und da war die Mutter. Somit gibt es ganze Generationen, die vor allem die Prägung durch die Mutter erfahren haben und es war lange Zeit das Hauptmuster der Prägung für viele von uns.

Eines der wichtigsten Ziele im Leben wurde es für die Menschen, einen Partner zu finden und Kinder zu bekommen. So wurde die Beziehung zwischen Mann und Frau zur Grundlage der Familie. Der Mensch als Einzelwesen mit der archetypischen Prägung der Gruppe wurde immer mehr zu einem Teil der **Zweierbeziehung.** Die Zweierbeziehung ist auch heute noch das bestimmende Muster für Beziehungen. In den letzten Jahren geht der Trend allerdings immer mehr in Richtung Selbstverwirklichung. Die Menschen leben zunehmend allein, als Singles. Eine fast logische Schlussfolgerung daraus ist, dass es auch eine zunehmende Anzahl an allein erziehenden Frauen und Männern gibt.

Aber nichts ist so schlecht, dass es nicht auch für etwas gut wäre. Diese Entwicklung des Auseinanderbrechens der klassischen Familienmuster sorgt auch dafür, dass die so genannte „Patchworkfamilie“ immer häufiger zur Regel wird. Allein erziehende Frauen haben einen Freund, der zum Vaterersatz wird. Dessen Kinder werden zu Ersatz-Geschwistern. Man trennt sich und ein neuer Freund, eine neue Freundin tritt in das Leben der Kinder. Damit werden die Familien immer häufiger zu einer Art von Flickenteppich. Das klassische Muster der Familie bestehend aus Vater, Mutter und Kindern verliert an Dominanz. Wenn wir dieses Modell konsequent zu Ende denken, erleben wir hier die Renaissance der Großfamilie/Sippe/Gruppe.

Wenden wir uns aber nun im Folgenden der Zweierbeziehung zu, denn egal wie lange eine Verbindung auch immer halten mag, sie ist meistens eine Beziehung zwischen zwei Menschen.

Die Zweierbeziehung

Die Großfamilie wurde im Lauf der Entwicklung ersetzt durch die Familie, die nur noch aus Vater, Mutter und Kind(ern) bestand. Diese Form der Familie ist zum Standard geworden und obwohl wir uns im **Zeitalter der zunehmenden Individualisierung** befinden, in dem für uns vor allem die Selbstverwirklichung zählt, zieht es uns doch weiterhin in die Beziehung zu einem anderen Menschen. Dies ist vor allem deswegen so, weil uns eine Beziehung Sicherheit gibt. Mit einem Partner können wir unser Leben teilen, uns mit ihm austauschen, Kinder bekommen usw. Dazu kommt, dass die meisten von uns nicht gern alleine sind und die Partnerschaft uns das Gefühl vermittelt, nicht solo durch das Leben gehen zu müssen. Die Gemeinschaft mit einem anderen Menschen vermittelt uns tatsächlich Sicherheit.

Trotzdem sind die heutzutage eingegangenen Beziehungen langfristig nicht mehr so stabil, wie es früher der Fall war. Viele Beziehungen oder Ehen scheitern oder werden geschieden. Die eigenen individuellen Wünsche stehen bei den meisten von uns im Vordergrund und wenn uns der Partner nicht mehr gefällt oder sich die Konflikte und Probleme in der bestehenden Beziehung häufen, dann brechen wir diese eben ab und suchen uns eine neue. Von daher sind es heutzutage oft nicht mehr beide Eltern, die in einer Zweierbeziehung leben. Es sind Menschen, die sich einander zugehörig fühlen. Inzwischen gibt es ja auch gleichgeschlechtliche Paare, die Kinder aufziehen wollen.

Egal, wie die Beziehung der Eltern konkret aussieht, sie beeinflusst das spätere Beziehungsverhalten ihrer Kinder. Vater und Mutter stehen für die grundsätzlichen Prägungen des Männlichen und Weiblichen in uns. Nach Carl Gustav Jung gibt es in uns ein grundlegendes Symbol für das Weibliche, die so genannte **Anima** und ein dementsprechendes Symbol für das Männliche, den **Animus**. Diese inneren Platzhalter kommen aber nicht aus dem Nichts, sondern werden im Laufe unserer Entwicklung eingeprägt. Dabei ist es üblicherweise so, dass wir uns eine weibliche und eine männliche Bezugsperson suchen, die sozusagen als Prägemuster herhalten.

Anmerkung:
Immer wieder können wir feststellen, dass Menschen massive Probleme in Beziehungen und natürlich auch mit sich selbst haben, wenn ihnen diese Prägefiguren in der Kindheit fehlen oder wenn diese zwar vorhanden sind, sich aber nicht für diesen Prozess eignen. So groß ist das Bedürfnis nach dem Füllen der Funktion der inneren Anima und Animus, dass auch der an sich dafür ungeeignete Mensch als Muster für diese Prägung genommen wird und daraus entsteht dann oft unendliches Leid.

Normalerweise sind es Vater (Animus) und Mutter (Anima), die in der Kindheit prägend für Mann (Männliches) und Frau (Weibliches) stehen. Natürlich kann dies auch ein Pflegevater oder eine Adoptivmutter sein. Probleme in unserer Herkunftsfamilie betreffen uns und unsere Beziehungen also direkt. Nicht umsonst ist die psychologische Arbeit eines Bert Hellinger so erfolgreich geworden und wird so stark nachgefragt. Hier finden wir auch eine Erklärung dafür, warum die Menschen unterschiedliche Entwicklungen nehmen, auch wenn ihre Horoskope ähnlich sind. Das Horoskop zeigt uns Möglichkeiten und Potenziale. Diese werden aber nicht wahllos aktiviert, sondern bedürfen der **Prägung**. Letztlich sind es vor allem unsere Eltern oder die Personen unserer Herkunftsfamilie, die verantwortlich sind für die grundlegende Prägung unseres Horoskops. Neben der Interpretation der Konstellationen des Horoskops müssen also auch die Prägungen aus der Kindheit berücksichtigt werden.

Die grundsätzliche Prägung des Männlichen und des Weiblichen in uns finden wir im Horoskop wieder in den Verhältnissen von Sonne und Mond, sowie Mars und Venus. Diese Bereiche werden wir in späteren Kapiteln ausführlich vertiefen. An dieser Stelle haben wir den Weg gezeigt, der zur Zweierbeziehung geführt hat. Diese wird uns im weiteren beschäftigen. Nun benötigen wir die **astrologischen Grundlagen**, die sich aus den Rhythmen und Zyklen (der Jahresverlauf) ableiten lassen und die unser Leben bestimmen.

Der Jahresverlauf

Die Astrologie bietet hervorragende Werkzeuge, um an erstaunliche Informationen zu gelangen, die uns die tieferen Muster in unseren Beziehungen verdeutlichen können. In der populären Astrologie wird alles meist stark vereinfacht. So kennen die allermeisten Menschen zwar das Zeichen, in dem sich die Sonne am Tag ihrer Geburt befand, aber die wenigsten kennen die Position ihres Mondes. Da der Mond u.a. unsere emotionalen Bedürfnisse beschreibt, haben wir eine Vorstellung davon, **wie wichtig gerade die Position des Mondes** ist, um in Beziehungen sagen zu können, wie die Gefühle der beteiligten Menschen angelegt sind.

Die Menschen kennen also das Zeichen der Sonne. Im Grunde kennen sie damit das Datum ihres Geburtstages. Dieses Datum sagt in unseren Breiten auch sofort etwas aus über die Jahreszeit, in die unser Geburtstag fällt. Frühling, Sommer, Herbst und Winter entstehen aus dem **Verhältnis von Erde und Sonne**. Das Sonnen-Zeichen ist demnach Ausdruck des Sonnenstandes zu einem bestimmten Zeitpunkt im Jahr. Alles in diesem Universum verläuft in Zyklen. Auch die Natur folgt bestimmten Zyklen. Dies ist allerdings kein Wunder, denn die Natur ist ja Ausdruck des Universums. Es lässt sich ein für uns individuell wiederkehrendes Muster im **Zyklus eines Jahres** feststellen. Wenn wir den Zyklus des Jahres beobachten stellen wir fest, dass es sehr viele Gemeinsamkeiten gibt, die sich von Jahr zu Jahr wiederholen. Es ist hilfreich, ein Tagebuch zu führen und die eigenen Erlebnisse im Zusammenhang mit den relevanten astrologischen Konstellationen zu betrachten. Wir lernen dabei viel über die Astrologie und über uns selbst. Und obwohl es für jeden von uns sehr viele individuelle Unterschiede gibt, so gibt es eben auch viele Gemeinsamkeiten.

Schauen wir uns beispielsweise die Phase im Jahr an, in der der Frühling in den Sommer mündet. Die Tage werden länger und heller und wärmer. In dieser Phase des Verhältnisses von Sonne und Erde im Jahresverlauf geboren zu werden, bedeutet etwas anderes, als z. B. kurz vor Weihnachten geboren zu sein, wenn die Tage immer kürzer werden, wenn das Jahr nach dem menschlichen Kalender zu Ende geht, wenn es immer kälter und finsterer wird. Über den Menschen mit seinem jeweiligen Sonnen-Zeichen ist damit nicht viel gesagt, vielmehr erfahren wir etwas über die Umstände, in die der Mensch hineingeboren worden ist. Wie wir sehen werden, haben alle zwölf Zeichen des Tierkreises ihre Position im Jahresverlauf. Damit bekommt auch die Geburt in einem Zeichen eine ganz besondere Bedeutung.

In **Beziehungen** oder auch wenn wir Kontakt aufnehmen mit jemandem, vergleichen wir unser Sternzeichen mit dem des anderen. Wir vergleichen damit **das Verhältnis der beiden Geburtstage im Jahresverlauf gesehen**. Passt ein im Winter Geborener zu einem, der im Frühling geboren wurde? Oder wie sieht es aus mit jemandem, der im Herbst geboren wurde und mit jemanden zusammen ist, der im Sommer seinen Geburtstag hat?
Wir können in der Unterteilung des Jahres immer genauer werden, können dabei immer mehr ins Detail gehen. Wir beginnen mit den **Vier Jahreszeiten**, die auf zwölf Sternzeichen aufgeteilt werden können. Im Grunde genommen ist sogar schon die Geburt in einer der vier Jahreszeiten eine Charakterisierung. Nicht vergessen sollten wir bei allen Unterteilungen, dass vor allem oder hinter allem oder besser alles in sich enthaltend die **Einheit** steht. Aus der Einheit entsteht die Vielfalt, entsteht die Welt. Dies geschieht dadurch, dass sich die Einheit in die Polaritäten teilt. Wir können auch sagen, dass aus Eins Zwei wird. Eine polare Welt teilt die Einheit in zwei Polaritäten auf. Besonders anschaulich dargestellt ist dieser Prozess im Yin und Yang Symbol. Dort setzt sich die Einheit (der Kreis) aus den Polaritäten (Yin und Yang) zusammen, wobei beide ineinander wirken. Der anders farbige Punkt in den beiden Hälften symbolisiert die Erkenntnis, dass in jedem Pol der andere schon ansatzweise enthalten ist.

☯ Das Symbol von Yin und Yang kann auch als Sinnbild einer funktionierenden Beziehung aufgefasst werden.

Im folgenden Kapitel beginnt der Zyklus auch mit zwei Polen. Die Kenntnis über den Aufbau des Zyklus hilft uns, erst das Jahr, dann den Tierkreis, damit die Astrologie und schließlich uns selbst besser zu verstehen.

Der Zyklus

Das wichtige Thema „Zyklus“ ist grundlegend beschrieben in *„Astrologie und Spiritualität“*. Der spezielle Zyklus, um den es uns hier geht, ist der **Jahreszyklus**. In jedem Zyklus gibt es eine zunehmende und eine abnehmende Hälfte. In diesem Fall gehören Winter und Frühling zu der zunehmenden und Sommer und Herbst zur abnehmenden Hälfte. Dies mag schon schwer zu verstehen sein, denn erwartet haben wir doch bestimmt Frühling und Sommer in der zunehmenden, sowie Herbst und Winter in der abnehmenden Hälfte. Im Folgenden werden wir jedoch erkennen, warum dies so ist.

Mit dem **Kardinalpunkt 0 Grad Steinbock** beginnt das Jahr. Der Eintritt der Sonne in den Steinbock (im tropischen Tierkreis) ist der Beginn des Winters und markiert die längste Nacht und den kürzesten Tag im Jahresverlauf. Von nun an werden die Tage allmählich wieder länger. Damit nimmt die Lichtenergie wieder zu, die zunehmende Hälfte beginnt.

Der Kardinalpunkt 0 Grad Widder markiert eine Art Halbzeit in der zunehmenden Hälfte des Jahreszyklus. Mit dem Eintritt der Sonne in den Widder beginnt der Frühling, Tag und Nacht sind gleich lang (Tag-und-Nacht-Gleiche/Frühling), von nun an werden die Tage länger als die Nächte.

Der Kardinalpunkt 0 Grad Krebs ist der Halbzeitpunkt. Hier ist das Ende der Dominanz der zunehmenden Hälfte des Zyklus erreicht. Der Beginn des Sommers mit dem Eintritt der Sonne in den Krebs markiert den längsten Tag und die kürzeste Nacht. Von nun an werden die Tage allmählich wieder kürzer.

Der Kardinalpunkt 0 Grad Waage ist in Analogie zum Widderpunkt zu verstehen. Hier ist die Halbzeit im abnehmenden Teil des Jahreszyklus erreicht. Wieder sind Tag und Nacht gleich lang (Tag-und-Nacht-Gleiche/Herbst). Mit dem Eintritt der Sonne in die Waage beginnt der Herbst. Von nun an werden die Nächte länger als die Tage, bis dann der nächste extreme Punkt erreicht ist, wenn es zur längsten Nacht kommt. Dies ist dann der nächste Kardinalpunkt 0 Grad Steinbock und der Kreis hat sich ein weiteres Mal geschlossen.

Wir können jede der vier Jahreszeiten in jeweils drei Phasen (s.u.) unterteilen. So kommen wir auf die Zwölfteilung des Jahres.

Diese **Zwölferteilung** aus dem Jahreszyklus entspricht den zwölf Zeichen im tropischen Tierkreis. Wenn wir untersuchen, inwieweit verschiedene Zeichen in Beziehungen zueinander passen oder auch nicht, vergleichen wir Stationen im Jahr oder auch Stationen in den Jahreszeiten, genannt Sternzeichen oder Tierkreiszeichen.
Die **drei Phasen** einer jeden Jahreszeit haben einen in sich ähnlichen Verlauf. Die erste Phase führt die Jahreszeit ein (der kardinale Impuls) und gibt ihr einen starken ersten Ausdruck. Die zweite Phase vertieft diese Einführung (der feste Impuls) und gibt ihr Form. Und die dritte und abschließende Phase leitet von der Form (der bewegliche Impuls) in die nächste Phase über und gibt ihr Beweglichkeit.

♑ ***Steinbock*** gibt dem Winter den ersten Impuls, es sind die dunkelsten Nächte, aber die Lichtkraft nimmt schon wieder zu.

♒ **Wassermann** vertieft in den Winter, die Tagkraft ist noch schwach, setzt aber bereits allererste Akzente.

♓ **Fische** beendet den Winter, die ersten Vorfrühlingsimpulse sind zu spüren, das Licht nimmt zu.

♈ **Widder** führt in den Frühling, Tag- und Nachtkraft sind gleich stark. Die Tage werden deutlich länger.

♉ **Stier** ist der Frühling, die Tage sind bereits sehr lang und die Lichtkraft nimmt weiter zu.

♊ **Zwilling** steigert den Frühling in den Sommer. Es sind die längsten Tage und kürzesten Nächte.

♋ **Krebs** beginnt den Sommer. Die Tage sind lang, werden aber ganz allmählich schon wieder kürzer.

♌ **Löwe** ist der Sommer. Lange heiße Tage, aber schon immer früher meldet sich die Nacht. Der Höhepunkt der Tagkraft ist überschritten.

♍ **Jungfrau** leitet über in den Herbst. Weiterhin lange Tage werden kürzer und bald ist der Zeitpunkt der gleichen Dauer von Tag und Nacht erreicht.

♎ **Waage** ist der Weg in den Herbst. Die Tage werden kürzer, die Nächte werden länger. Die abnehmende Hälfte des Jahres hat begonnen.

♏ **Skorpion** ist der Herbst. Die Tage sind kurz geworden, die Nacht dominiert. Aber die Tage werden noch kürzer.

♐ **Schütze** vertieft in den Winter. Sehr kurz werden die Tage und immer länger die Nächte. Bald ist der kürzeste Tag erreicht.

Auf den Schützen folgt der nächste Steinbock und ein neues Jahr beginnt.

Uns interessiert an dieser Stelle, wie das Verhältnis der zwölf Stationen im Jahreszyklus zueinander ist. Wir untersuchen die **Verträglichkeit der zwölf Zeichen** miteinander. Es geht uns hier weniger um exakte Beschreibungen wie aus dem Lehrbuch, sondern mehr um die lebendigen Verbindungen und Zusammenhänge. Da wir Menschen vor allem durch Schwierigkeiten und Unverträglichkeiten lernen, werden wir auch diese ansprechen. Aber alle Unterschiedlichkeiten, die wir feststellen werden, sollen uns helfen zu verstehen, worin die Verschiedenartigkeit besteht. Natürlich identifizieren wir uns selbst mit bestimmten Zeichen. Wie wir bereits erwähnt haben, steht dabei das Zeichen unserer Sonne an der ersten Stelle. So können wir erfahren, wie wir als Widder, Stiere oder Fische uns mit den Löwen, Jungfrauen und Waagen verstehen. Zum besseren Verständnis ist es legitim, wenn wir dafür die Beispiele von Menschen heranziehen, die wir kennen. Aber alle Unterschiede, die wir zwischen uns und anderen erkennen, sagen letztlich auch etwas über uns selber aus. Denn die anderen Menschen symbolisieren auch immer Teile von uns. Sehr häufig sind das Bereiche unserer Person, die uns unbewusst sind. Anderenfalls bräuchten sie uns nicht so kritisch im Außen (durch Begegnungen mit Menschen) entgegenkommen.

Letztlich können wir lernen, **alle zwölf Zeichen als Teile von uns selbst** zu erkennen. Im Horoskop sind ja auch immer alle zwölf Zeichen vertreten. Aus allen Unterschiedlichkeiten und Konflikten können wir nur lernen. So kann ein neues Verständnis für uns und für andere entstehen. Wir verstehen den anderen Menschen immer mehr aus sich heraus und müssen nicht mehr auf unsere unbewussten Muster reagieren, die der oder die anderen für uns repräsentieren. Dieses neu gewonnene Verständnis macht es uns möglich, anders mit den Menschen umzugehen. Damit verändern sich auch unsere Beziehungen sowie unsere Beziehungsfähigkeit.

Die Verhältnisse im Tierkreis

Im Tierkreis hat jedes der zwölf Zeichen seinen Platz. Jedes Zeichen steht in einer besonderen Beziehung zu jedem anderen Zeichen.

Die folgende Tabelle zeigt die Aspekte für alle Beziehungen im Tierkreis:

Tabelle der Aspekte aller Zeichen zueinander

	Widder	**Stier**	**Zwillinge**	**Krebs**	**Löwe**	**Jungfrau**	**Waage**	**Skorpion**	**Schütze**	**Steinbock**	**Wassermann**	**Fische**
Widder	K	HS	S	Q	T	QK	O	QK	T	Q	S	HS
Stier	HS	K	HS	S	Q	T	QK	O	QK	T	Q	S
Zwillinge	S	HS	K	HS	S	Q	T	QK	O	QK	T	Q
Krebs	Q	S	HS	K	HS	S	QK	T	QK	O	QK	T
Löwe	T	Q	S	HS	K	HS	S	Q	T	QK	O	QK
Jungfrau	QK	T	Q	S	HS	K	HS	S	Q	T	QK	O
Waage	O	QK	T	Q	S	HS	K	HS	S	Q	T	QK
Skorpion	QK	O	QK	T	Q	S	HS	K	HS	S	Q	T
Schütze	T	QK	O	QK	T	Q	S	HS	K	HS	S	Q
Steinbock	Q	T	QK	Q	QK	T	Q	S	HS	K	HS	S
Wassermann	S	Q	T	QK	O	QK	T	Q	S	HS	K	HS
Fische	HS	S	Q	T	QK	O	QK	T	Q	S	HS	K

K steht für Konjunktion
HS steht für Halbsextil
S steht für Sextil
Q steht für Quadrat
T steht für Trigon
QK steht für Quinkunx
O steht für Opposition

Anmerkung:
Suchen wir den Aspekt zwischen zwei bestimmten Zeichen, dann schauen wir in der Tabelle nach und finden einen Buchstaben als Abkürzung für den Aspekt zwischen ihnen. Dieser gibt uns einen ersten Eindruck davon, in welcher Konstellation die beiden Zeichen zueinander stehen. Eine genaue Beschreibung aller Aspekte finden wir im Buch *„Astrologie und Spiritualität“*.

Inter- und intrapsychische Verhältnisse

Wenn wir im Folgenden alle zwölf Zeichen in ihrem Verhältnis zu allen zwölf Zeichen schildern, dann sollten wir im Gedächtnis behalten, dass damit **ein Typus** beschrieben wird. Dieser Typus kann sich in der Begegnung von zwei Menschen zeigen. Wir können aber auch noch weiter denken, denn die Verhältnisse lassen sich sowohl im Vergleich zweier Horoskope (inter), als auch in einem Horoskop (intra) anwenden.

Der Vergleich der Sonnen ist am gebräuchlichsten. Wie kommt beispielsweise Sonne im Stier mit Sonne im Löwen aus? Aus der Ordnung des Tierkreises gesehen macht es einen Unterschied, ob wir die Sonne im Stier mit der im Löwen oder die im Löwen mit der Sonne im Stier vergleichen – der jeweilige Blickwinkel ist ein anderer.
Wie können uns auch fragen, wie z. B. der Mond der Frau mit der Sonne des Mannes auskommt oder wie kompatibel sind der Mars des Mannes und die Venus der Frau? Der Merkur von meinem Chef steht im Wassermann, meiner in der Jungfrau. Passt das?
Aber auch in unserem eigenen Horoskop können wir die Positionen der einzelnen Planeten miteinander vergleichen: Sonne zu Mond, Merkur zu Jupiter usw.

In unserer nun folgenden Beschreibung der Verhältnisse im Tierkreis beginnen wir mit den Zeichen, die sich gegenüberliegen. Danach schauen wir uns an, wie eigentlich die Zeichen mit sich selbst verglichen klar kommen, also Krebs mit Krebs und Löwe mit Löwe, und schließlich wenden wir uns den einzelnen zwölf Zeichen zu und untersuchen ihre Beziehung zu den verbleibenden zehn anderen Zeichen.

Zeichen, die sich gegenüber stehen

Immer zwei Zeichen liegen sich im Tierkreis gegenüber. Das **Oppositionszeichen** ist die erste Beziehung, Spiegel und Ergänzung. Wir richten unsere Aufmerksamkeit auf unser Oppositionszeichen, es ist Herausforderung und Schatten für uns. Mit ihm zusammen kommen wir der Ganzheit näher, weil wir den Teil integrieren, der am weitesten entfernt von uns ist. In der Tabelle finden wir diese Zeichen unter **O** wie Opposition.

Die sechs Paare sind:	♈ **Widder**	– ♎ **Waage**
	♉ **Stier**	– ♏ **Skorpion**
	♊ **Zwillinge**	– ♐ **Schütze**
	♋ **Krebs**	– ♑ **Steinbock**
	♌ **Löwe**	– ♒ **Wassermann**
	♍ **Jungfrau**	– ♓ **Fische**

Anmerkung und Diskurs zu der Psychologie der sich gegenüberliegenden Zeichen
Wie wir aus der psychologischen Astrologie wissen, entwickeln wir uns über die **Integration unseres Oppositionszeichens** hinweg. Andererseits hat dieses Oppositionszeichen aber auch Schattencharakter für uns. Häufig können wir beobachten, dass Menschen Eigenschaften zeigen, die wir eher ihrem gegenüberliegenden Zeichen zuordnen würden. Wenn diese Eigenschaften zu stark in ihnen werden, fallen sie damit aus der Qualität ihres eigenen Zeichens heraus und können sogar krank werden. Wir müssen hier ganz genau unterscheiden, inwieweit sich jemand im Integrationsprozess befindet und sich mit seinem Oppositionszeichen beschäftigt oder ob er aus seinem Zeichen in das ihm gegenüberliegende flieht.

Im Folgenden werden wir alle sechs Paare der sich gegenüberliegenden Zeichen besprechen.

Widder – Waage

Widder und Waage bilden ein Paar. Beide haben mit anderen Menschen zu tun und beide bestimmen gern die Richtung, die ihr Leben und die ihre Aktivitäten nehmen sollen. Der Widder versucht, mit Gewalt selbst zu bestimmen, während die Waage sich eher bemüht, die Situation zu ihren Gunsten zu beeinflussen. Im Zweifelsfall sucht der Widder die Aktion (Angriff) und die Waage das Gespräch.

Für den Widder ist die Waage das Spiegelzeichen. Dem **Widder** geht es auch in seinen Beziehungen oftmals darum, sich durchzusetzen. Dabei wird er normalerweise auch nicht sehr viel Rücksicht nehmen, sondern er wird zusehen, dass seine Interessen im Vordergrund stehen. Aber wir sollten nicht vergessen, dass auch die **Waage** ein kardinales Zeichen ist. Die Waage ist von daher darauf geeicht, Dinge in Gang zu setzen und initiativ zu sein. Doch der Weg der Umsetzung ist ein grundsätzlich anderer als beim Widder. Die Waage versucht eher auf die Menschen und damit auf die Umstände einzuwirken. Nicht umsonst wird ihr die Fähigkeit zur Diplomatie zugesprochen. Diese nutzt und benutzt die Waage und es sieht dann so aus, als hätte sie im Sinne aller gehandelt und doch hat auch sie ihre eigenen Interessen verfolgt. So gesehen können sich Waage und Widder streiten, obwohl sie doch das Gleiche wollen. Und obwohl Waagen ihre Aufmerksamkeit auf das Du richten, können sie sehr egoistisch sein.

Was ist nun, wenn wir **beide Einflüsse in unserem Horoskop** vorfinden? Wir haben beispielsweise die Sonne im Widder und den Aszendenten oder den Mond in der Waage. Oder unsere Sonne steht im Widder und außerdem im siebten Haus, dem Waagehaus. In diesen Fällen mischen sich die Eigenschaften und Energien dieser Zeichen miteinander, so wie unser gesamtes Horoskop und auch wir selbst eine Mischung aus unterschiedlichen Energien sind.

Im Fall der **Betonung von Widder und Waage im Horoskop** kommt es sehr darauf an, *welche* Faktoren *wie* betont sind. Mit dem Mond im Widder und der Sonne in der Waage beispielsweise handeln wir diplomatisch, sind deswegen aber vielleicht verstimmt, weil es uns gefühlsmäßig nicht schnell genug geht. Mit der Sonne im Widder und dem Mond in der Waage handeln wir entschlossen, leiden aber eventuell unter unserer eigenen kompromisslosen Art. So unterschiedlich kann das sein. Die Lösung liegt dabei immer im „Sowohl-als-auch“ anstatt im „Entweder-oder“.

Stier – Skorpion

Skorpion und Stier sind das zweite Oppositionspaar. Widder/Waage haben einige Themen und Konflikte in den Tierkreis eingeführt. Diese werden in den festen Zeichen Stier und Skorpion vertieft und umgesetzt. Nur die Art der Umsetzung ist bei Stier und Skorpion gegensätzlich. Beide Zeichen haben mit Werten zu tun, dem Skorpion geht es mehr um innere Werte, um Macht und Beherrschung, während der Stier gerne die äußeren Güter kontrolliert. Wenn sich beide dabei nicht in die Quere kommen, kann diese Verbindung sogar funktionieren. Mit seinem Oppositionszeichen **Stier** kommt der Skorpion ganz gut zurecht, auch wenn der Stier aus Sicht des Skorpions zu sehr an äußeren Dingen hängt und zu bequem ist. Manche Skorpione können sehr asketisch leben, während der Stier bekannt ist für seine Sinnlichkeit.

Sexualität und Sinnlichkeit sind weitere Themen dieser Achse. Auch wenn wir die Lust und den Spaß an der Sexualität dem Löwen zuordnen würden, haben doch auch Stier/Skorpion damit zu tun. Dem Skorpion geht es um die inneren Empfindungen und der Stier liebt die Sinneseindrücke. Für den Skorpion hat Sexualität auch mit Macht zu tun, während diese für den Stier mehr in den Bereich des Genießens gehört.

Der **Skorpion** will der äußeren Welt seinen Willen aufzwingen. Dabei kann der unentwickelte Skorpion rücksichtslos sein und Menschen manipulieren, um das zu bekommen, was er will. Dem **Stier** geht es darum, die äußere Welt, insbesondere die Natur, zu hegen und zu pflegen, um größtmöglichen Nutzen (Gewinn) daraus zu erzielen. Früher oder später scheitert der **Skorpion** bei seinem Versuch, seinen Willen durchzusetzen. Mehr oder weniger freiwillig erkennt er seine Grenzen und beginnt die innere Wandlung, die letztlich, wenn sie erfolgreich ist, in der Transformation endet. Nur in der Hinwendung zum Gegenzeichen Skorpion kann es dem **Stier** gelingen, wirklich auch innerlich zu wachsen. Für ihn gilt es, durch die Entwicklung der inneren Werte sein Bewusstsein zu erweitern. Der **Skorpion** muss lernen, aus seinem inneren Schneckenhaus herauszufinden und die äußere Welt anzunehmen. Wie er es anstellen kann, in Harmonie mit seiner Umwelt zu leben, kann er gut von seinem Gegenzeichen, dem Stier, lernen.

Zwillinge – Schütze

Das gemeinsame Thema der **Achse Zwillinge/Schütze** kann mit den folgenden Schlagworten umrissen werden: Wissenserwerb, Horizonterweiterung, Lernen und Lehren. Ganz wichtig ist beiden Zeichen der Zuwachs an Erkenntnis und die Kommunikation. Trotz aller Gegensätzlichkeit gibt es doch sehr ähnliche Ausrichtungen. Sicherlich sind beide Zeichen für ihre Neugier bekannt sowie für ihre Neigung zur lebhaften Kommunikation. Wenn wir uns den Unterschied in der Ausrichtung ansehen stellen wir fest, dass der Zwilling Informationen sucht und der Schütze aus bestehenden Informationen einen Sinnzusammenhang erkennen will.

Der **Zwilling** sucht gerne. Das hat nichts damit zu tun, dass er z. B. die Unordnung liebt oder das Chaos. Der Zwilling folgt im Tierkreis auf den Stier. Damit ist die Grundausrichtung des Zwillings insbesondere am Anfang des Zeichens sogar auf Ordnung und Sicherheit hin ausgelegt, aber das reicht jetzt eben nicht mehr aus – der Zwilling will mehr. So ist er auf der Suche nach weiterführenden Informationen. Es geht ihm nicht, wie den halben Tierkreis „später" dem Schützen, um Sinnzusammenhänge, sondern um **Unterscheidungsvermögen**. Unterscheidungsvermögen ist vielleicht die höchste und wichtigste Eigenschaft, die der Zwilling (und nicht nur dieser) erlangen kann.

Anmerkung:
„Später" haben wir in Anführungszeichen gesetzt, weil es im Grunde kein früher oder später im Tierkreis gibt. Ja, wenn wir den Tierkreis nehmen als Bahn für die Sonne (Ekliptik), dann können wir sagen, im Jahresverlauf gibt es ein Später. Dort folgt eben auf den Frühling der Sommer und dann der Herbst. Dort kommt erst der Zwilling (im Frühling) und dann der Schütze (im Herbst). Das besondere **Charakteristikum des Kreises** ist es, dass er keinen Anfang und kein Ende hat. Also folgt natürlich auf den Schützen wieder der nächste Zwilling.

Der **Schütze** verkörpert wie kein anderes Zeichen die Erwartungen an die Zukunft, was für ihn ja auch Sinn macht. So ist der Zwilling im Gegensatz zum Schützen mehr an der Gegenwart interessiert, was aber nichts daran ändert, dass viele Zwillinge häufig unkonzentriert und zerfahren wirken. Wir sehen also, dass es starke Gegensätzlichkeit nicht nur zwischen den Zeichen von Zwillinge und Schütze gibt, sondern jeweils auch in den einzelnen Zeichen selbst.

Für den **Schützen** ist der Zwilling ein Quell an Informationen, auch wenn er viele dieser Informationen für nicht so wichtig hält. Der Schütze ist mehr am tieferen Sinn der Dinge interessiert. Für ihn sind die Informationen der Weg zum Ziel, aber nicht das Ziel selbst. Diese Art von Synthese will und muss der Schütze in sich vollziehen. Auch dies ist eine Ursache für die starke Selbstbezogenheit des Schützen.

Für den **Zwilling** gilt, dass ihm sein Gegenzeichen Schütze zeigen kann, wohin ihn sein Weg führen mag. Das ungeordnete Suchen nach einzelnen Informationen kann dadurch auch für ihn einen übergeordneten Sinn bekommen. Zwilling und Schütze können recht gut miteinander auskommen. Im Grunde sind Zwillinge/Schütze von allen sechs Gegensatzpaaren diejenigen, welche am ehesten miteinander kompatibel sind.

Krebs – Steinbock

Der **Steinbock** ist der Spiegel des Krebses (und umgekehrt). Von außen betrachtet sind sich Steinbock und Krebs schon wieder ähnlich. Die Zeichen der Gegensatzpaare sind im Tierkreis am weitesten voneinander entfernt, damit ist die Möglichkeit voneinander zu lernen hier besonders groß.

Für den **Krebs** ist das Gegenzeichen Steinbock ein Maßstab der eigenen Entwicklung. Der Steinbock symbolisiert all das, was der Krebs nicht beherrscht. Der Steinbock befindet sich in einer andauernden Überprüfung der äußeren und inneren Welt mit der Bemühung der Selbstüberwindung. Das ist die höchste Lebensform, die der Krebs erreichen kann, aber nicht unbedingt gezielt anstreben sollte, da seine Aufgabe vielmehr in der subjektiven, durch Gefühle bestimmten Wahrnehmung der Welt liegt. Denn wir können in ein **Krankheitsbild** fallen, wenn wir uns zu weit und über unsere Grenzen hinweg von unserem Sternzeichen entfernen. Damit bleibt dem Krebs auch in hoher persönlicher Transzendenz eine gewisse „Krebsigkeit“ erhalten. Denn wer sind wir, wenn wir Gottes Spiel nicht mehr mitspielen würden, selbst wenn wir dieses durchschaut haben?! Ist es doch so, dass erst mit der Entwicklung von Hingabe und Demut die Möglichkeit einer Transzendenz einsetzt.

Seinen Spiegel erkennt der Steinbock im **Krebs**. Dieser handelt und entscheidet aufgrund seiner inneren Verfassung, während der Steinbock seinen

Gefühlen oftmals nicht traut. Mit dieser Achse erleben wir auch den alten Konflikt zwischen Familie (Krebs) und Berufung (Steinbock). Der Steinbock kann für die Bewältigung seiner Aufgabe seine persönlichen Gefühle und Bindungen zurückstellen. Der Krebs muss hingegen mit seinen persönlichen Gefühlen sein Heim und seine Familie schützen. Nur aus einer starken Verwurzelung (Krebs) kann das hoch gesteckte Ziel (Steinbock) erreicht werden. „Nur wer seine Wurzeln tief in der Erde hat, kann seine Krone in den Himmel strecken."

Löwe – Wassermann

Grundsätzlich geht es in dieser Achse um einen **Beitrag**. Beide Zeichen leisten auf ihre jeweilige Art ihren Beitrag. Im **Löwen** wird dieser vom Individuum erbracht. Es, also du oder wir sind es, die den Beitrag leisten. Die Qualität des Zeichens Löwe ist derart, dass es ihm Freude bereitet oder sogar als Spiel empfunden wird, seinen jeweiligen Beitrag zu leisten. Im **Wassermann** ist es die Gruppe, die den Beitrag erbringt. Es ist beispielsweise eine medizinische Forschungsgruppe, die eine neue Methode entwickelt und nicht unbedingt ein einzelner Wissenschaftler. Natürlich setzt sich die Leistung der Gruppe aus den Beiträgen Einzelner zusammen, aber es ist das Gesamtergebnis, das zählt. Natürlich haben wir manchmal Probleme damit, unser Ego in den Dienst der Gemeinschaft zu stellen. Wir fragen uns dann gerne, wo wir denn dabei bleiben. Genau damit ist der **Grundkonflikt im Gegensatzpaar Löwe/Wassermann** beschrieben. Die Gruppe kann natürlich auch die Gesellschaft sein oder sogar die Menschheit an sich. Jedenfalls sind wir als Individuen (Löwe) diejenigen, die einen Beitrag leisten für die Gesellschaft (Wassermann). Je kreativer (Löwe) unser Beitrag ist, umso mehr profitiert die Gemeinschaft (Wassermann) davon.

Für den **Löwen** ist der Wassermann viel zu sehr auf andere bezogen. Auch zeigt das Verhalten des Wassermanns unlogische und verwirrende Züge. Für den **Wassermann** ist der Löwe zu selbstbezogen, zu uneinsichtig und viel zu sehr von den eigenen Gefühlen bestimmt. Letztlich zählt nicht die Form des Beitrages, sondern **die Umsetzung der Vision** und die damit verbundene Erhöhung der beteiligten Kreativen.

Jungfrau – Fische

Die Achse **Jungfrau/Fische** hat viele Bedeutungen und viele Namen, am besten treffen es aber folgende Beschreibungen: Dieses Paar hat mit dem Bereich Gesundheit/Krankheit/Heilung zu tun, wir können hier also auch von der **Achse der Heilung** sprechen. Vor der Heilung liegt meistens die Krise. Die Verbindung Jungfrau/Fische kann demnach auch als die **Achse der Krise** bezeichnet werden. Beide Zeichen haben ihre Eigenarten, sind im Zusammenleben aber so umgänglich, dass sie mit den meisten anderen Zeichen auskommen. Da sowohl die Jungfrau als auch die Fische viel mit sich selbst zu tun haben, sind sie nicht so ausgelegt, dass sie den anderen allzu stark beeinflussen wollen. Das spricht dafür, dass es Jungfrau und Fische miteinander aushalten können.

Anmerkung:
Wie immer können anders geartete Einflüsse aus dem Horoskop diese Aussagen verändern. Eine starke Betonung des Feuerelements kann einen an sich harmlosen Einfluss des Zeichens Jungfrau dogmatisieren und aktiver, fordernder und ich-bestimmter machen.

Der Jungfrau ist der Fisch zu unbestimmt, zu lasch, zu wenig auf seine Ordnung und Hygiene bedacht. Dem Fisch ist die Jungfrau zu penibel, zu sauber, zu kritisch und zu sehr den eigenen Strukturen verhaftet. Beide Zeichen treffen sich idealerweise in der **Synthese**, die hier als Grundlage der **Erleuchtung** verstanden werden kann.

Nach der Beschreibung der Gegensatzpaare wenden wir uns nun dem Verhältnis zum gleichen Zeichen zu.

Das Verhältnis zum gleichen Zeichen

Wir sind dabei zu untersuchen, welche Eigenarten die zwölf Zeichen zeigen, wenn sie in Beziehungen zu anderen Zeichen treten. Obwohl wir damit nur Typen beschreiben können, ist es trotzdem interessant herauszufinden, welche Zeichen mit welchen anderen besonders gut harmonieren und welche nicht. Einen besonderen Fall haben wir immer dann, wenn **Beziehungen zum gleichen Zeichen** entstehen, wenn also ein Krebs mit einem Krebs oder ein Stier mit einem Stier in eine Beziehung tritt. Es wäre denkbar, dass hier besondere Probleme entstehen oder ist es vielleicht eher so, dass diese Beziehungen besonders begünstigt sind? Beide Aussagen lassen sich nicht pauschal beantworten, sondern erfordern eine genauere Analyse.

Widder und Widder können sich ins Gehege kommen, da beide den Führungsanspruch haben; ein Problem, welches der Widder auch mit dem Löwen oder mit dem Steinbock haben kann.
Es ist durchaus denkbar, dass zwei Menschen auf ihre eigene Art dominant sind. Es ist aber weniger denkbar, dass zwei Menschen gleichzeitig die Führung innehaben. In einer wie auch immer gearteten Verbindung von Widder zu Widder kann also nur einer der „Platzhirsch" sein und der andere muss sich entweder anpassen oder sich eine Nische suchen, in der er seinen Anspruch verwirklichen kann.

Stier und Stier kommen besser miteinander aus als beispielsweise Widder/Widder, da sie die Möglichkeit haben, sich gegenseitig ihre Bedürfnisse nach Sinnlichkeit, Sicherheit und Ordnung zu erfüllen. In einer reinen Stier-Beziehung fehlt allerdings die Aktivität und der Impuls zur Veränderung. Wie bei allen Paarungen zwischen gleichen Zeichen haben wir hier das Problem der Einseitigkeit und damit der Langweile und der möglicherweise reduzierten Möglichkeiten, Lernerfahrungen durch Andersartigkeit zu machen.

Zwillinge und Zwillinge passen schon von daher gut zusammen, weil sich die Zwillinge jedem anderen anpassen können. Vielleicht bearbeiten sie den anderen aber auch so, dass sich dieser ihnen anpasst. Als bewegliches Zeichen ist es bei dieser Verdoppelung des Zwillings besonders wichtig, wie die anderen Konstellationen im Horoskop sind. Wo z. B. steht der Mond und wo Merkur? Die Zwillinge untereinander haben vielleicht ein wenig zu viel Theorie und zu wenig Praxis. In einer Beziehung, die stark auf Kommunikation ausgelegt ist, kann schon mal die Basis (der Boden, die Erde, das Fundament) fehlen oder verloren gehen.

Krebs und Krebs verkriechen sich gemeinsam oder ersticken einander. Gefühlsmuster treffen aufeinander und da beide bemuttern, versorgen, pflegen und sich kümmern wollen, muss entweder einer von beiden verzichten und sich umsorgen lassen oder sie müssen sich abwechseln. Bei so viel Gefühl kann das Bemühen um Geistesklarheit Wunder bewirken. Die geballte Krebs-Energie sollte sich auch um einen Realitätsbezug kümmern. Eine gemeinsame soziale Aufgabe könnte der Verbindung von Krebs zu Krebs sicherlich gut tun.

Löwe und Löwe müssen den Führungsanspruch klären. Bis dahin kommen sie sich sicher ins Gehege (siehe auch Widder/Widder). Beide wollen führen, wollen bestimmen, verlangen die Alpha-Rolle für sich. Mit der Zeit wird einer von beiden sich durchsetzen. Es kann daher für weibliche Löwen eine gute Idee sein, sich dem Mann scheinbar unterzuordnen, in Wahrheit aber doch die Fäden zu ziehen. Im Tierreich ist physisch gesehen der männliche Löwe stärker, jagen tun aber meist die weiblichen Löwen.

Jungfrau und Jungfrau haben mit der Krebs/Krebs-Paarung gemein, dass ihnen und ihrer Beziehung eine gemeinsame soziale Aufgabe gut tun würde. Jungfrauen haben viel mit sich selbst zu tun, von daher können sich zwei Jungfrauen vielleicht auch mal in Ruhe lassen und die Verbindung harmoniert dann ebenso (oder plätschert so vor sich hin ...). Am besten wird die Verbindung von Jungfrau zu Jungfrau in der Arbeit oder in der Forschung funktionieren. Fast wie ein Negativ zur Löwe/Löwe-Paarung hat in der Jungfrau/Jungfrau-Verbindung keiner den Drang, die Führung zu übernehmen. Einer muss die Rolle im Außen jedoch annehmen und ausfüllen.

Waage und Waage
Die grundsätzliche Fähigkeit, mit allen Zeichen auskommen zu können, sollte die Waage auch befähigen, mit ihrem eigenen Zeichen klar zu kommen. Ähnlich wie bei Zwillinge/Zwillinge kann die Beziehung sehr kopfla-

stig und kommunikativ (über-)betont sein. In der Verbindung der Waage zur Waage fehlt die Erdbetonung. Vieles läuft Gefahr, nur Theorie oder Idee zu bleiben und nicht umgesetzt zu werden. Die unterschiedlichen Betonungen der Horoskope zweier Waagen bietet beiden genügend Möglichkeiten zur Begegnung außerhalb ihres eigenen Zeichens.

Skorpion und Skorpion

In alten Mad-Comic-Heften gab es eine Rubrik „Spion und Spion". Das könnte eine Verbildlichung von der Begegnung zweier Skorpione sein. Wie in diesem Beispiel können wir bei den Skorpionen untereinander auch an Geheimdienste und Versteck spielen denken. In der Beziehung eines Skorpions zu einem Skorpion ist von tiefer gegenseitiger Leidenschaft bis hin zu heftigen Machtkämpfen alles denkbar. Die Skorpione müssen aufpassen, dass sie sich nicht gegenseitig ihre negativen Seiten betonen. Auch für einen Skorpion kann es schwer sein, mit einem Skorpion zusammen zu sein, aber wenn das einer schaffen kann, dann ist das der Skorpion!

Schütze und Schütze

Obwohl Feuer und Luft zu den expansiven Elementen zählen, passen zwei gleiche Feuerzeichen nicht so gut zusammen wie zwei Luftzeichen. Zu dominant ist das Feuer gerade in Beziehungen. Wie schon seine Partner aus den Feuerzeichen Widder und Löwe will auch der Schütze führen, bestimmen und die Richtung angeben. Da kann schnell der Partner auf der Strecke bleiben. In zunehmendem Alter kann aber ein erkenntnisfähiger Schütze sein Gegenzeichen Zwillinge soweit integrieren, dass er mit nahezu jedem Zeichen zurechtkommen kann, auch mit einem anderen Schützen. Kurzfristig funktioniert eine Schütze/Schütze-Verbindung sogar sehr gut.

Steinbock und Steinbock

Wenn wir in der Natur schon einmal zwei Hirsche oder zwei Böcke gesehen haben, die ihre Hörner und Geweihe aneinander gewetzt haben, dann können wir uns Beziehungen zwischen den Gehörnten unter den Tierkreiszeichen bildhaft vorstellen. Widder/Widder, Widder/Stier, Widder/Steinbock, Stier/Stier, Stier/Steinbock und Steinbock/Steinbock sind die möglichen Paare.

In einer reinen Steinbock-zu-Steinbock-Verbindung kann es zu Machtkämpfen und Kompetenzrangeleien kommen. Beide wollen jeweils die Richtlinien der Beziehung bestimmen und einer muss dann zurückstecken. Das ist etwas, was der Steinbock gar nicht gerne tut. Der reinen Steinbock-Verbindung fehlt das Gefühl und die Begeisterung, zu trocken und rational kann eine solche Verbindung sein.

Wassermann und Wassermann

Wassermänner haben oft das Problem, dass sie sich nicht wirklich auf den anderen Menschen einlassen können. Von daher könnte eine Verbindung zweier Wassermänner unpersönlich bleiben oder wie eine Freundschaft sein. Wassermänner haben ein starkes Bedürfnis nach Freiraum. Somit sollte es in einer reinen Wassermann-Beziehung kein Problem darstellen, dem Partner genügend Freiraum zu gewähren. Wie in den beiden anderen reinen Luft-Paarungen Zwillinge/Zwillinge und Waage/Waage kann es auch in der Verbindung von Wassermann zu Wassermann zu einer Überbetonung der Kommunikation, des Intellekts kommen.

Fische und Fische

Der Fisch kann sich in jedes andere Zeichen einfühlen. Er kann erscheinen wie jedes andere Zeichen und sogar dessen Charaktereigenschaften annehmen. Der Fisch wirkt dann so wie ein Löwe, ein Stier oder eine Waage. Damit ist es schwer vorauszusehen, wie eine reine Verbindung zwischen zwei Fischen konkret aussehen wird. Wichtig ist es für die Fische in der Beziehung Echtheit zu wagen, Gefühle zu zeigen und sich einzulassen.

Nun haben wir die Gegensatzpaare besprochen und erläutert, wie eine Verbindung zum gleichen Zeichen aussehen kann. Im folgenden Kapitel wollen wir uns den anderen noch nicht besprochenen Verbindungen zuwenden.

Die zwölf Tierkreiszeichen in den anderen Beziehungen

In den nun folgenden Beschreibungen der einzelnen Tierkreiszeichen geht es um den **Archetyp**, also um einen angenommenen Idealtypus, der das jeweilige Zeichen besonders deutlich und anschaulich zum Ausdruck bringt. Wir sind uns dabei bewusst, dass dieser Idealtyp in der Natur so nicht existiert. Auch wissen wir, dass neben den Zeichen, in denen unsere Sonne, unser Mond oder der Aszendent steht, auch andere Zeichen für uns wichtig sein können. Letztlich haben wir mit allen zwölf Tierkreiszeichen zu tun. Andererseits hat unser Sonnen-Zeichen schon etwas sehr Typisches für uns und so kann auch eine gewisse Selbsterkenntnis aus der Beschreibung der Tierkreiszeichen resultieren.

Wir werden mit dem Widder beginnen und alle möglichen und bisher nicht besprochenen Verbindungen beschreiben. Danach nehmen wir uns den Stier vor, bis am Ende die Fische an der Reihe sind.

♈ Widder

Der Widder ist treu, er hängt an seinem Partner. Das ändert nichts daran, dass der Widder aktiv ist und sich seine Herausforderungen sucht. Auch seinen Partner konfrontiert er unter Umständen gern. Sollten wir die Konfrontationsbereitschaft des Widders in seinen Beziehungen als geringes Interesse am Partner sehen, dann verstehen wir den Widder nicht. Denn der Widder ist aktiv und er bestimmt auch gern, aber er hängt schon fast hündisch an seinem Partner. Das kann ihm positiv gesehen Beständigkeit verleihen, kann ihn aber auch daran hindern, seinen Zielen wirklich konsequent nachzugehen. Gerade der Widder braucht hier manchmal einen guten Ratgeber (siehe Waage als Gegenzeichen), der ihm seine Situation erläutert. Daneben braucht der Widder auch **Abwechselung in seinen Beziehungen**. Das sollten alle diejenigen wissen, die Betonungen in Zeichen haben, die keine Veränderungen lieben (wie z. B. der Stier oder der Löwe). Da der Widder an seinem Partner hängt, wird er Veränderungen aktiv in die Beziehungen tragen. Da können dann Wunsch nach Bewegung auf den Wunsch nach unveränderten Verhältnissen aufeinander prallen.

Der **Stier** ist ihm als im Tierkreis direkt folgendes Zeichen fremd, sein stures Beharren auf dem, was ist, ist dem Widder verdächtig. Auch in ihrer Geschwindigkeit, mit der sie das Leben angehen, sind beide Zeichen sehr unterschiedlich. Der Widder macht alles schnell und begeht auch deswegen manchen Fehler, probiert aber vieles aus. Der Stier geht sehr langsam und bedächtig vor, macht daher wenige Fehler, erfährt aber auch weniger Neues. Was also dem einen (Stier) zu schnell ist, ist dem anderen (Widder) zu langsam. Im Gegensatz zum Widder ist dem Stier Sicherheit sehr wichtig und er wird sich bemühen, seine Mittel zusammenzuhalten. Das kann der Widder schon recht eng und lebensfeindlich finden.

Der **Zwilling** teilt mit dem Widder dessen Freude an der Bewegung, egal ob diese körperlich oder geistig ist, sowie das Interesse an Neuem. Der Zwilling ist dem Widder vielleicht nicht konsequent genug, wenn es um Durchsetzung oder ums Handeln geht. Auch ist dem Widder die zerstreute und zerstreuende Art des Zwillings nicht geheuer. Der Zwilling kann die gelegentlich unüberlegte Aktivität des Widders oft nicht nachvollziehen. Am besten sind beide miteinander, wenn es um gemeinsame Aktivitäten geht.

Die nach außen wenig offene Art des **Krebs** liegt dem Widder nicht. Konsequent in ihrer Art sind dagegen beide. Der Widder wird sich wohl nicht vom Krebs einnehmen lassen, zumindest nicht für lange... Der Krebs bindet seinen Partner mit ein in seine Verantwortlichkeiten, die sich um Haus und Familie drehen. Der Widder lässt sich nicht gerne einspannen. Spannungen sind hier im wahrsten Sinne des Wortes vorprogrammiert.

Der **Löwe** kennt ebenso wie der Widder den Tatendrang – zumindest ab und zu. Genauso gern kultiviert der Löwe das Prinzip des Genießens. Dieses wiederum ist dem Widder zu passiv. In Beziehungen können sich Auseinandersetzungen um die jeweilige Dominanz ergeben. Es geht dabei natürlich um die Führungsrolle. Wer bestimmt die Richtung? Nur einer von beiden kann die Führung übernehmen und was geschieht dann mit dem Unterlegenen? Der Löwe als festes Zeichen hat in seinen Aktionen auch immer etwas Bewahrendes, während der Widder seinerseits die mögliche Zerstörung in Kauf nimmt. Auch hier kann es zu starken Spannungen kommen.

Mit der **Jungfrau** teilt der Widder den Sinn für das Machbare, nur dass der Widder Dinge auch dann probiert, wenn sie nach logischem Ermessen nicht machbar sind. Ansonsten sind die Temperamente von Jungfrau und Widder eher sehr unterschiedlich. Der Widder ist weder besonders ordentlich, noch besonders sauber, noch hält er sich gern an feststehende Tagespläne. Er ist mehr für die spontane Aktion. Auch in dieser Verbindung können beide Zeichen viel voneinander lernen. Dem Widder tut ein wenig überlegte Planung sehr gut und die Jungfrau kann sich vom Widder ein wenig mehr Spontaneität abschauen.

Die **Waage** ist das Oppositionszeichen zum Widder (siehe dort).

Mit dem **Skorpion** verbindet den Widder mehr als er vermutet. Beide haben das Interesse am Instinktiven und beide haben einen starken Trieb, der sich allerdings sehr unterschiedlich äußert. Das zeigt sich auch darin, dass Widder und Skorpion den gleichen Herrscher Mars haben (Alt-Herrscher beim Skorpion). Der Skorpion agiert lieber verdeckt, während der Widder offen handelt. Der Widder ist ehrlich und der Skorpion manipuliert. Aber der Widder bietet dem Skorpion die Stirn, was wiederum der Skorpion zwar unangenehm, aber interessant findet.

Schütze und Widder wollen beide viel und haben beide einen starken Willen. Wenn sich dieser auf das jeweils gleiche Objekt richtet, kann es zu Auseinandersetzungen und Revierkämpfen kommen. Der Schütze hat im Gegensatz zum Widder den Drang, sich und seine Handlungen zu erklären, während beim Widder dessen Handlungen für sich stehen. Da beide Zeichen zum Element Feuer gehören, können sie – gleiche oder ähnliche Interessen vorausgesetzt – gut gemeinsam agieren. Besonders gut funktioniert dies bei gemeinsamen Aktionen, in denen es um Bewegung geht, wie z. B. beim Tanzen. Der Schütze ist mehr auf die Zukunft, der Widder mehr auf die Gegenwart ausgerichtet.

Der **Steinbock** plant genau, um dann effizient zu handeln. Der Widder handelt lieber spontan. Beide bestimmen gern und beide sind häufig Anführer in ihren Bezugsgruppen. Beide können gemeinsam sehr viel erreichen, wenn sie aufeinander zugehen. Dem Widder tut ein Überlegen vor dem Handeln, also ein überlegtes Handeln und ein wenig mehr Disziplin gut. Er wird damit mehr erreichen können und seinen Zielen schneller näher kommen, auch wenn der Widder denkt, dass die Vorschläge des Steinbocks zu zeitaufwendig sind. Der Steinbock übrigens profitiert von ein wenig mehr Spontaneität und schnellerem Handeln.

Mit dem **Wassermann** verbindet den Widder der Idealismus. Der Widder handelt lieber allein oder bestimmt die Richtung, während der Wassermann die Gruppe mit hinzuzieht. Dabei ist der Wassermann sogar der größere Individualist. Die Art und Weise wie der Wassermann funktioniert, ist dem Widder zu kompliziert und er hat auch nicht immer Lust, sich dort hineinzudenken. So kann es auch zu einem Nebeneinanderher kommen, obwohl beide Zeichen an und für sich gut harmonieren können.

Die **Fische** sind dem Widder als vorheriges Zeichen (im Tierkreis) gut bekannt. Je nach individueller Anlage und besonders zu Anfang des Zeichens, ist dem Widder häufig noch eine Fische-Betonung anzumerken. Ansonsten sind beide Zeichen recht unterschiedlich. Der Fisch ist passiv, der Widder aktiv. Der Fisch träumt, der Widder handelt. Der Fisch ist manchmal kaum interessiert an der ihn umgebenden Wirklichkeit, er hat seine eigene Realität und wenn beide nicht übereinstimmen, dann eben nicht. Die Gleichgültigkeit des Fisches kann der Widder nicht verstehen, da sich der Widder seine Wirklichkeit selbst erschafft. Manchmal scheitern die Widder natürlich auch an der Realität („das Mit-dem-Kopf-gegen-die-Wand-Symptom"), dann kann die Hingabe der Fische sehr lehrsam und langfristig Leid vermeidend sein. In ihren positiven Eigenschaften können Widder und Fische gut zusammenwirken.

Fazit:
Der Widder kann sehr viel aus Beziehungen profitieren, wenn er sich darauf einlässt. Sein oft übersteigertes Ego-Empfinden erhält dadurch wirksame Dämpfer und er wird besonnener. Bei kluger Partnerwahl hat der Widder einen Ratgeber, der es ihm ermöglicht, noch mehr aus seinen Fähigkeiten zu machen. Oder er findet einen Partner, dem es gelingt, dass der Widder auch genießt, was er geschaffen hat.

♉ Stier

Für den Stier ist **Sicherheit** sehr wichtig. Nur wenn die Lage wirklich sicher ist, dann kann wirklich genossen werden. Eine der hervorstechendsten Fähigkeiten des Stieres ist **sein Vermögen, den Genuss zu leben**. Davon profitieren auch die Menschen in seiner nahen Umgebung. Die Fähigkeit, sinnliche Erfahrungen genießen zu können, macht den Stier als Partner sehr beliebt. Menschen mit verletzten Gefühlen, ungesunder Lebensweise und verdorbener Sexualität können Heilung im Leben mit dem Stier erfahren.

Aber wie immer im Leben hat alles seinen Preis und die besteht beim Stier eben in seinem zum Teil wirklich überzogenen **Bedürfnis nach Sicherheit und Kontrolle**. Er möchte gern sein Leben und seine Beziehungen und damit auch seinen Partner kontrollieren. Er bietet dafür neben den oben erwähnten Eigenschaften Treue, Beständigkeit und ein hohes Maß an Sinnlichkeit. Für den Stier ist es lebenswichtig, seine Sinnlichkeit, seine Sexualität und überhaupt seine Körperlichkeit mit seinem Partner zu leben. Sein Problem ist es, dass er seine Welt vereinnahmen möchte. Nur dann kann er sich wirklich sicher fühlen. Und so geht der Stier auch mit seinen Beziehungen und seinen Partnern um, er vereinnahmt diese. Dieses Verhalten können nur bestimmte Menschen ertragen. Alle Zeichen, die mehr auf Wagnis eingestellt sind (wie z. B. der Widder oder die Zwillinge) fühlen sich davon schnell begrenzt. So kann der Stier idealerweise im Austausch mit anderen lernen, sein Bedürfnis nach Sicherheit so einzustellen, dass er dort Sicherheit vermittelt, wo sie gebraucht und gewünscht ist und sie dort vermindert, wo sie Aktionen oder den freien Radius anderer Zeichen behindert.

Die Impulsivität des **Widders** stört das Ruhebedürfnis des Stiers, außerdem hat der Widder die Tendenz, alles unordentlich zu hinterlassen. Der Widder ist für den Stier eine ständige Herausforderung, da dieser alles in Frage stellt, was für den Stier so wichtig ist. Der Widder als Abenteurer hat mit Sicherheit wenig am Hut, auch Ordnung und Struktur ist nicht seine Sache. Natürlich können beide Zeichen voneinander lernen – aber wollen sie das?

Ähnlich dem Widder, ist dem Stier der **Zwilling** zu unruhig und auch zu oberflächlich. Das Fliehen aus der Körperlichkeit, aus der Sinnlichkeit in den Kopf, in das Denken und Reden, was den Zwillingen zu Eigen ist, das ist dem Stier recht fremd. Seine besonderen Fähigkeiten erwachsen dem

Stier auch daraus, dass er sich auf eine Sache besinnt und diese besonders intensiv und ordentlich macht. Der Zwilling dagegen fängt alles an und führt wenig zu Ende. Ob diese unterschiedlichen Lebenskonzepte auf Dauer nebeneinander existieren können, hängt davon ab, ob sich der Stier mit dem, was er vom Zwilling bekommt, zufrieden gibt.

Krebs und Stier verstehen sich gut und können den gemeinsamen Themen wie Familie, Essen, Sicherung, Sammeln, Schmusen und Zuhause frönen. Sie kommen aber nur schwer aus ihrem Trott heraus. Es fehlt der Impuls zur Erneuerung. Diesen wird der Krebs als kardinales Zeichen einbringen müssen und an dieser Aufgabe kann der Krebs wachsen. Starke Möglichkeiten der gegenseitigen Ergänzung liegen auch darin, dass der Krebs für die innere Ordnung und Sicherheit zuständig ist und der Stier dementsprechend für die äußere.

Mit dem **Löwen** hat der Stier so seine Probleme, denn der Löwe gibt gern das mit vollen Händen aus, was der Stier eingenommen und verwahrt hat. Es kann zu ewigen Auseinandersetzungen um die gemeinsamen Mittel kommen. Bei dieser Paarung sollte auf Gütertrennung gesetzt werden. Beide Zeichen sind allerdings kreativ und lieben Kunst und Musik. Hier lassen sich Gemeinsamkeiten finden. Der Löwe kann den Stier aktivieren und dazu bewegen, selbst kreativ zu sein.

Der Stier ist ordentlich, aber er nimmt sich auch die Zeit, zu genießen. Die **Jungfrau** sorgt ähnlich wie der Stier gerne vor (Prinzip der Vorratshaltung), nimmt sich aber oft nicht die Zeit zum Innehalten, da es immer noch so viel zu tun gibt – hier kann die Jungfrau vom Stier lernen und profitieren. Der Stier wiederum lernt von der Jungfrau seine Mittel noch besser zu nutzen und davon zu profitieren. Eine Verbindung, die also gut funktionieren kann. Stier und Jungfrau zeigen, wie Merkur (Jungfrau) und Venus (Stier) bestens zusammenwirken können. Die Jungfrau kann dem Stier zeigen, wie dieser seinen Verstand (Merkur) besser einsetzen und nutzen kann, um die eigenen Bedürfnisse zu erfüllen.

Die **Waage** ist dem Stier sicherlich zu sehr auf das Außen bezogen. Die vielen Kontakte, die von der Waage gepflegt werden, können den Stier nervös machen. Die beiden von der Venus beherrschten Zeichen sind doch sehr unterschiedlich. Der Stier ist sehr praktisch, die Waage mehr theoretisch veranlagt. Der Stier ist auf das bezogen, was er anfassen kann, die Waage mehr auf Konzepte. Die Waage wird in einer Verbindung immer wieder auf den Stier zugehen müssen, um ein gemeinsames Verständnis möglich zu machen. Der Stier wiederum darf lernen, dass die Verbindungen der Waage zu anderen Menschen nicht seine Sicherheit gefährden müssen.

Der **Skorpion** ist das Oppositionszeichen zum Stier (siehe dort).

Aus der inneren Struktur des Tierkreises heraus gesehen, trennt ein Quinkunx (150 Grad) die Zeichen Stier und **Schütze** voneinander. Dieser Abstand weist auf eine starke Unterschiedlichkeit der betroffenen Zeichen hin, woraus sich eine starke Wechselwirkung entwickeln kann. Diese Zeichen sind in ihrer Grundausrichtung sehr verschieden: der Stier ist auf Sicherung aus, der Schütze mehr auf Abenteuer. Der Stier lässt auch mal den Körper über den Geist bestimmen, der Schütze treibt den Körper mit seinem Geist an. In Beziehungen kann es zu starken Auseinandersetzungen kommen.

Mit dem **Steinbock** verbindet den Stier vieles, wie z. B. das gleiche Element Erde, aber der Steinbock ist dem Stier zu geradlinig und zu wenig an Vergnügen durch Sinneseindrücke interessiert. Der Steinbock kann sich in seiner asketischen Lebensführung vom Stier abgelenkt fühlen. Die schon fast sprichwörtliche Sturheit beider Zeichen kann zu immensen Streitereien und Rechthabereien führen. Davon abgesehen kommen Stier und Steinbock aufgrund ihrer doch ähnlichen Mentalität gut miteinander aus.

Wassermann und Stier kann eine sehr schwierige Konstellation darstellen. Im Tierkreis trennt ein Quadrat die beiden Zeichen. Vom Stier aus gesehen ist der Wassermann ein abnehmendes Quadrat entfernt. Der Stier will kontrollieren, der Wassermann entzieht sich jeder Kontrolle. Der Stier bringt alles gern in eine Form, während der Wassermann die vorgegebene Form sprengt. Der Wassermann geht schon aus Prinzip in Opposition, eine Verhaltensweise, die der Stier überhaupt nicht versteht. Schon die Ausrichtung der beiden Zeichen ist entgegengesetzt. Der Stier bezieht sich auf die Erde unter ihm, der Wassermann geht in die Luft. So kommen beide nur schwer zusammen.

Fische und Stier können einander gut ergänzen und sie können sich gegenseitig viel Gutes tun. Ähnlich wie bei Stier/Krebs fehlt in dieser Verbindung ein wenig der Schwung. Eine Stier/Fische-Beziehung können wir uns wünschen, wenn wir etwas älter, weiser und reifer geworden sind. Im Idealfall kann der Stier dem Fisch Sicherheit und Struktur vermitteln, während der Fisch die Qualität der Gefühle in die Beziehung einbringt. Beide treffen sich im sinnlichen Empfinden.

♊ Zwillinge

Scherzhaft können wir uns fragen, ob der **Zwilling** überhaupt eine Beziehung oder einen Partner braucht, denn er ist ja schon aus seinem Zeichen heraus zu zweit. Ähnlich wie beim Wassermann ist auch der Zwilling nicht konstant in seinen Handlungen. Er verhält sich **nicht logisch**, obwohl er im gedanklichen Austausch die Logik stark benutzt. Vor allem die luftbetonten Zeichen wie Waage, Wassermann und Zwillinge brauchen den **Austausch** in ihren Beziehungen. Das gilt natürlich auch für all diejenigen, die ebenfalls eine Luftbetonung im Horoskop aufweisen, auch wenn ihre Sonne nicht in einem dieser drei Zeichen steht.

Einen Austausch brauchen natürlich auch die wasserbetonten Zeichen Krebs, Skorpion und Fische, nur braucht deren Austausch keine Worte, da geht es mehr um ein Fließen der Gefühle. Bei den luftbetonten Zeichen sind aber auch die Worte sehr wichtig und es ist notwendig, dass die Kommunikation keine Einbahnstrasse ist. Gerade den Zwillingen ist es sehr wichtig, dass sich der Partner beteiligt, beim Gespräch dabei ist und zwar nicht nur körperlich. Von daher sind mögliche Konflikte zwischen Zwillinge und **Steinbock** sowie Zwillinge und **Skorpion** vorprogrammiert, gelten die beiden letztgenannten Zeichen doch als große Schweiger.

Gerade in heutiger Zeit ist es besonders wichtig, **das bewusste Zuhören zu kultivieren**. Oft mögen wir dem anderen nicht zuhören, weil wir selbst schon voll sind von aufgenommenen Informationen. Des weiteren möchten wir oft nicht hören, was der andere uns zu sagen hat, weil uns Bedürfnis so stark ist, unsere für uns so wichtigen Gedanken loszuwerden. Damit ist natürlich kein echtes Gespräch im Sinne eines Austausches mehr möglich. Dies ist ein Problem, welches häufig in längeren Beziehungen auftaucht und diese stark belastet.

Wenn wir zurückkehren zu den Zwillingen, können wir sagen, dass es sehr spannend, lustig und interessant sein kann, mit einem Zwilling eine Beziehung zu führen. Man kann sehr gut etwas unternehmen mit ihnen, sich über alles austauschen und gut Feste feiern. Es gilt in der Beziehung zu einem Zwilling zu beachten, dass wir ihm die Freiheit zugestehen, die dieser braucht, um seiner unruhigen und beweglichen Natur zu folgen.

Mit dem **Widder** kann der Zwilling viele gemeinsame Aktionen starten. Der Widder wird im Vorfeld nur das Nötigste besprechen und sich auch im Nachhinein nicht allzu viele Gedanken machen wollen. Für den Zwilling ist es dagegen unumgänglich, dass er vorher und hinterher über das, was gelaufen ist, sprechen will. So darf sich der Widder nicht beschweren, wenn sich der Zwilling anderen Leuten zuwendet, um seine Gesprächseinheiten zu bekommen. Diese differenzierte Betrachtung vieler Dinge und auch die oft zerstreute Art der Zwillinge kann den Widder nervös machen. Andererseits erfährt der Widder durch den Zwilling neue Ideen und Betrachtungsweisen. Und der Zwilling kann vom Widder Entscheidungsfreudigkeit und schnelles Handeln lernen.

Stier und Zwillinge sind in ihrer grundsätzlichen Ausrichtung entgegengesetzt ausgelegt. Den Zwilling zieht es nach draußen, er will durch Kontakte und Informationen seinen Radius erweitern, während der Stier gern innerhalb seines Reviers bleibt und seinen Bereich absichert. Die Ungebundenheit des Zwillings macht es für ihn überhaupt erst möglich, seine Informationen zu sammeln. Der Stier braucht dagegen die Bindung des Partners als Sicherheit. Hier können Konflikte entstehen. So kann der Stier lernen, offener zu werden und Vertrauen in seinen Partner zu entwickeln und der Zwilling muss immer wieder das Gespräch suchen, um dem Stier die Beweggründe für sein Handeln zu erklären. Die starke Körperlichkeit des Stieres wird vom Zwilling als echtem Luftikus kaum in gleichem Maße erwidert werden können.

Ähnliche Schwierigkeiten wie mit dem Stier erwartet den Zwilling auch mit dem **Krebs**. Dieser ist introvertiert und auf seine Gefühle hin ausgerichtet, während der Zwilling wie schon gesagt extrovertiert ist und sich mehr um die mentalen Dinge kümmert. Die Bindung an das Heim und die Familie ist dem Krebs sehr wichtig, der Zwilling braucht aber gerade Bewegungsfreiheit, um seiner Aufgabe (dem Sammeln von Informationen) nachgehen zu können. Wir sehen in der Paarung Zwillinge/Krebs eine starke Unterschiedlichkeit, die eine enge Beziehung unter Umständen sehr schwierig werden lassen kann.

Löwe und Zwillinge passen da schon besser zusammen, denn beide sind kreativ und lieben die Geselligkeit. Der Löwe erklärt sich nicht gern, somit bleibt der Zwilling oft mit seinen Erklärungen allein. Beide Zeichen lieben Spiel, Spaß, Unterhaltung und die Aktion um der Aktion wegen. Daher gilt auch für diese Paarung, dass sie besonders gut funktioniert, wenn es um gemeinsame Aktivitäten geht. Der Löwe kann dem Zwilling ein Gefühl von Größe vermitteln und dafür sorgen, dass sich dessen Selbstwertgefühl erhöht.

Zwillinge und **Jungfrau** sind beide überdurchschnittlich oft im pädagogischen Bereich anzutreffen; beide Zeichen haben viel mit den Bereichen Lernen, Lehren, Reden und Schreiben zu tun. Die Genauigkeit und das Penible der Jungfrau trifft nicht die Lebensqualität der Zwillinge. Diese lieben mehr den lockeren Umgang mit dem Leben. Ein zu starkes Konzentrieren auf Präzision und Genauigkeit würde dem Zwilling nicht mehr genug Raum geben für seine quirlige Art der Raumergreifung. Trotzdem können beide Zeichen voneinander profitieren. Der Jungfrau tut ein wenig mehr Lässigkeit genauso gut, wie dem Zwilling etwas mehr Konzentration.

Waage und Zwillinge haben das gleiche Element; als Luftzeichen sind sie beide auf Kontakt und auf Kommunikation ausgerichtet. Als kardinales Zeichen ist die Waage etwas gerichteter als der Zwilling. Beide Zeichen haben Schwächen darin, ihre Vorhaben zu Ende zu bringen. Es bleibt oft bei der Planung, ihre Stärke ist nicht die Umsetzung. Waage und Zwillinge sind sich aber sehr ähnlich darin, andere Menschen anzusprechen und einzubeziehen. Beide Zeichen tun sich gegenseitig nicht weh.

Mit dem **Skorpion** und den Zwillingen treffen Gefährlichkeit und Wille auf Harmlosigkeit und Ziellosigkeit. Das kann auch für den Skorpion schwierig sein. Der Zwilling wird nie so sehr nach innen und in die Tiefe gehen wollen wie der Skorpion, auch die reine Beschränkung auf die Gefühle ist nicht

Sache des Zwillings. Der Zwilling mag auch nicht gerne kontrolliert werden – aber wer mag das schon? Wo der Zwilling mehr Tiefgang vom Skorpion lernen kann, kann der Skorpion Lockerheit und Unbekümmertheit von den Zwillingen übernehmen.

Der **Schütze** ist das Oppositionszeichen zum Zwilling (siehe dort).

Steinbock und Zwillinge sind als Zeichen wieder sehr verschieden. Der Steinbock ist schweigsam, introvertiert und konzentriert. Alles das ist der Zwilling nicht. So könnten beide Zeichen voneinander profitieren, leben aber leider häufig aneinander vorbei. Der Steinbock ist dem Zwilling viel zu ernst und zu verkniffen und dem Steinbock fehlt dementsprechend beim Zwilling manchmal der nötige Ernst. Wenn beide Zeichen sich aufeinander zu bewegen, dann kann die Stärke des einen zum Lernstoff des anderen werden. Der Steinbock kann sich vom Zwilling die Leichtigkeit im Umgang mit Menschen, mit Kommunikation und mit dem Leben abschauen und der Zwilling kann vom Steinbock die Konzentration auf das Wesentliche lernen – zumindest manchmal.

Ähnlich wie beim Paar Zwillinge/Waage haben auch **Wassermann** und Zwillinge mehr gemein, als nur ihr Element Luft. Beide arbeiten und wirken gern zusammen mit anderen, der Zwilling ist allerdings mehr am Alltag und an konkreten Gegebenheiten orientiert als der Wassermann, der doch oft recht abgehoben ist. In dieser reinen Luft-Beziehung ist die Gefahr gegeben, dass vieles nur gedacht und nicht umgesetzt wird.

Fische und Zwillinge gehören beide zum beweglichen Kreuz. Der Fisch ist beweglich in seinen Gefühlen, der Zwilling orientiert sich an Gedanken und Worten. Beide Zeichen sind in ihrem Bereich recht souverän, können mit dem des anderen aber weniger anfangen. „Warum so viele Worte machen?“, fragt sich der Fisch. Wohin mit all den Gefühlen weiß der Zwilling oft nicht. Natürlich können auch Fische und Zwillinge sich gegenseitig ergänzen, was aber nicht so leicht ist, da beide in verschiedenen Elementen zu Hause sind.

♋ Krebs

Ein **Krebs** möchte seinen Partner mit in seine Welt nehmen. Damit ist auch ein Problem des Umgangs mit dem Krebs bereits angesprochen, denn der Partner läuft Gefahr, vereinnahmt zu werden. Der Krebs muss lernen, dass seine Partner ihre eigene Welt haben. Das gilt insbesondere für ihre Gefühlswelt. Dem Krebs drängen sich die eigenen Gefühle immer stark auf, sie beherrschen oftmals seine Wahrnehmung.

Da **Gefühle** letztlich eine Art von Bewertung darstellen, sind sie für klare und objektive Beurteilung oft nicht zu gebrauchen. Andererseits kann der Krebs auch sehr sensibel bis hin zur Sensitivität sein. Diese Sensitivität verleiht ihm Informationen von jenseits der Ebene des auf den Alltag bezogenen Verstandes. Somit sollte ein Krebs besonders stark seine Verhaftung an eigene emotionale Zustände überprüfen und lernen, andere so sein zu lassen, wie sie sind.

Wenn der Krebs an spirituellem Wachstum interessiert ist und an die allmähliche Klärung seiner Gefühlswelt herangeht, dann sind ihm Wahrnehmungen tiefer Wahrheit möglich. Gerade im Kontakt mit der Natur hat der Krebs Zugang zu Ebenen, die anderen Zeichen möglicherweise vollständig verschlossen sind. Man hüte sich als **Partner eines Krebses** also davor, ihn als wunderlich oder gar verrückt abzutun, denn gerade der Krebs braucht die emotionale Zuwendung seines Partners. Für den Krebs sind die Themen Familiengründung, Kinder bekommen und aufziehen sowie ein gemütliches Heim sein Eigen nennen besonders wichtig. Der Krebs braucht das Gefühl, gebraucht zu werden und wenn er sich nicht um seinen Partner und seine Kinder kümmern kann, dann sucht er sich etwas anderes, wo er seine Energien hinwenden kann.

Widder und Krebs haben beide den Wunsch, die Dinge nach ihren Vorstellungen zu gestalten, nur ist die jeweilige Vorgehensweise eine andere. Der Widder geht seine Vorhaben direkt an und möchte seine Ideen auch umgesetzt sehen, während der Krebs die Dinge eher gemächlich und für Außenstehende oft umständlich angeht. Nichtsdestotrotz kann der Krebs starke Energien entwickeln, die sich in beständigem, emotionalem Engagement zeigen. Widder und Krebs sind tatsächlich wie Feuer und Wasser und brauchen einen gewissen Abstand voneinander.

In seiner Naturverbundenheit ist der **Stier** dem Krebs sehr ähnlich. Beide Zeichen verbindet im Tierkreis ein Sextil (60 Grad). Dem Stier geht es allerdings mehr um den direkten Kontakt zur Natur. Der Krebs fühlt sich mehr hinein. Beide Zeichen wollen etwas aufbauen und können sich sehr gut ergänzen, wenn sie sich über ihre Ziele einig werden.

Oft genug haben wir erwähnt, dass sich Zeichen fremd sind, die im Tierkreis nebeneinander liegen. Der **Zwilling** empfindet die Schwere und Unbeweglichkeit des Krebses als belastend. Er geht mehr locker an das Leben heran. Beide Zeichen verstehen einander nicht, weil sie unterschiedliche Sprachen sprechen. Der Krebs spricht die Sprache der Gefühle und der Zwilling die der Gedanken. Da sich der Krebs in Worten oft nicht genügend äußert, ist es für den Zwilling sehr schwer, dessen Beweggründe und dessen Verhalten nachzuvollziehen. Der Krebs kennt den Zwilling, weil er ihm im Tierkreis folgt. Ohnehin kennt jedes Zeichen seinen Vorgänger im Tierkreis gut, denn von dort kommt es ja. Die Sonne bewegt sich in ihrem gedachten Lauf durch den Tierkreis erst durch das Zeichen Zwillinge und dann durch den **Krebs**. Wenn sie also im Krebs angekommen ist, dann hat sie gerade dreißig Tage in den Zwillingen hinter sich. Aus der Sicht der Zwillinge ist der Krebs natürlich absolutes Neuland.

Die dem Krebs folgende Stufe ist jene des **Löwen**. So wie der Krebs dem Zwilling unbekannt ist, weil dieser im Jahresverlauf vor ihm liegt, so ist dem Krebs der Löwe unbekannt. Dessen großzügige Art und oft dramatisches Auftreten ist dem Krebs fremd. Der Krebs gilt auch als sparsam bis geizig und die Verschwendungssucht des Löwen kann ein ewiger Dorn des Schmerzes für ihn sein. Der Löwe agiert aus, während der Krebs die Dinge in sich hineinfrisst. So ist die Strategie der Verarbeitung recht unterschiedlich. Da beide Zeichen nur ungern über ihre Schwächen reden, kann ein gegenseitiges Verständnis manchmal nur schwer aufzubauen sein.

Krebs und **Jungfrau** haben viele Gemeinsamkeiten. Beide sind naturverbunden, eher introvertiert und beiden ist ihr Zuhause wichtig. Allerdings kann die emotionale und nicht logische Art und Weise des Krebses von der Jungfrau nicht immer nachvollzogen werden. Daraus können Konflikte entstehen. Die analytische Art der Jungfrau kann dem Krebs helfen, sich selbst besser verstehen zu lernen. Der Krebs kann die Jungfrau dazu ermutigen, sich ihren Gefühlen zuzuwenden.

Waage und Krebs sind beide nicht direkt dominant, sondern erreichen ihre Ziele auch dadurch, dass sie ihre Umgebung manipulieren. Der Krebs als Wasserzeichen erfasst seine Umwelt durch seine Gefühle, die Waage durch ihren Geist. Wenn sie ihre Aufgaben gut untereinander verteilen, dann kann eine Beziehung der Waage zum Krebs funktionieren. Die Waage kann dem Krebs unter Umständen zu sehr auf direktem Kontakt aus sein. Der Krebs findet, dass die vielen Kontakte nur Unruhe bringen, während sich die Waage ungern auf wenige Bezugspersonen beschränkt.

Besondere Wesensverwandtschaft hat der Krebs zum **Skorpion**. Beide Zeichen sind sehr gefühlsbetont und haben einen Zugang zum Irrationalen. Das Hinterlistige und das Lebensverneinende des nicht spirituell orientierten Skorpions sind allerdings nicht die Sache des Krebses. Ob eine Verbindung zwischen Krebs und Skorpion funktioniert hängt auch davon ab, ob sie sich in ihrer Lebensausrichtung einig werden.

Krebs und **Schütze** sind in ihrer grundsätzlichen Lebensauffassung (Feuer und Wasser) sehr unterschiedlich. Den Schützen drängt es in die große Welt hinaus, während der Krebs gern daheim ist. Alles, was dem Krebs wichtig ist und woran er seine Gefühle fest macht, kann für den Schützen als Einschränkung empfunden werden. So ist großes Verständnis von beiden Seiten nötig, wenn eine Beziehung funktionieren soll. Dabei muss der Krebs einmal mehr lernen, dem Partner Freiraum zu gewähren.

Der **Steinbock** ist das Oppositionszeichen zum Krebs (siehe dort).

Der **Wassermann** kann in einer Partnerschaft dem Krebs arge Probleme dadurch bereiten, dass er jeden Rahmen sprengen will. Je mehr der Krebs – bildhaft betrachtet – das Ei behüten will, umso mehr will der Wassermann die Eihülle sprengen. Ei und Eihülle sind hier natürlich Symbole, für die wir z. B. Heim, Familie oder Firma einsetzen können. Der Krebs kann viel gewinnen beim Wassermann, wenn er das offene Gespräch wagt.

Mit den **Fischen** versteht sich der Krebs gut (gleiches Element Wasser), wenngleich der Krebs die manchmal ausweichende Art der Fische als störend empfinden mag, vor allem wenn es um wichtige Lebensentscheidungen geht. Beide lieben Romantik, den Gefühlsaustausch und das Meer – was will man mehr?

♌ Löwe

Ähnlich wie im Tierreich möchte der Löwe sein Territorium kontrollieren. Der Löwe kann das großzügigste und weitherzigste Zeichen sein, wenn sein Herrscherbereich nicht beschnitten wird und wenn er (oder sie) als Person nicht kritisiert wird. Der Löwe braucht die **Anerkennung** anderer, um sich wohl zu fühlen. Aus diesem Grund kann er Probleme bekommen mit bestimmten Zeichen wie Skorpion oder Steinbock, die sich schwer tun, Anerkennung auszusprechen.

Löwen sind – wie die Löwen in der Natur – nicht gern allein, sie sind gesellig und sie fühlen sich wohl in einer Zweierbeziehung. Die Familie ist für den Löwen sehr wichtig, weil **er Kinder liebt** und für seine Nachkommen schlichtweg alles tun würde. Wenn es zum Streit oder sogar zur Trennung kommt, tut man als Partner eines Löwen gut daran, ihm den Zugang zu seinen Kindern nicht zu verwehren.

Der Löwe ist an und für sich treu, aber er lässt sich nicht gerne Vorschriften machen und er lässt sich auf Dauer nicht einsperren. Sein Oppositionszeichen, der Wassermann, steht für Befreiung und das Überschreiten von Grenzen. Wird der Löwe stark unter Druck gesetzt, kann er wie ein Wassermann reagieren und alle Ketten sprengen.

Der Löwe braucht das Gefühl der Großartigkeit und mag – wie erwähnt – keine Kritik an seiner Person. Das gilt auch für seine Sexualität. Er braucht auch dort das Gefühl, toll zu sein. Wenn sein Partner ihm dieses Gefühl in der Beziehung vermittelt, kann der Löwe sehr wohlwollend und großzügig sein.

Der **Widder** kann dem Löwen manchmal zu schnell und zu unüberlegt sein. Auch kann es zu Macht- und Abgrenzungsproblemen kommen. Beide Zeichen mögen gerne führen und haben dadurch oft Konflikte mit Autoritäten.

Dieser Anspruch kann auch zu Streitereien untereinander führen. Der Widder reibt sich gern, provoziert und übertritt dabei Grenzen. Wehe ihm, wenn er die Gutmütigkeit des Löwen überreizt... Davon abgesehen mag der Löwe die Verspieltheit des Widders und fördert diese sogar.

Mit dem **Stier** verbindet den Löwen das Beständige, aber während Löwen meistens recht großzügig mit ihren Mitteln (Zeit, Geld, Energie) umgehen, spart der Stier gern. Das eine Zeichen verausgabt sich (Löwe), das andere hält alles zusammen. Im Idealfall könnten beide hervorragend zusammenwirken, in der Realität wird es zu Auseinandersetzungen um diese Mittel kommen. Für den Löwen ist Großzügigkeit ein Weg, sein Inneres zum Ausdruck zu bringen. Der Stier muss ein Gefühl dafür entwickeln, wo zuviel Sparsamkeit und Enge die Lebenskraft beschränken. Nur ein Stier, der lernt, hier zu differenzieren und loszulassen, kann hoffen, einen Löwen glücklich zu machen.

Löwe und **Zwillinge** passen gut zueinander, wobei der Löwe es schon gern hätte, wenn der Zwilling etwas konzentrierter für ihn da wäre. Sie sind ein gutes Gespann für Unternehmungen, vor allem solche, in denen es um Vergnügen und Unterhaltung geht. Der Löwe kann vom Zwilling zu stärkerer intellektueller Aktivität angeregt werden.

Löwe und **Krebs** sind wie Sonne und Mond. Im besten Fall ergänzen sie sich im fast archetypischen Sinn, meistens kommen sie nicht wirklich zusammen. Missverständnisse und mangelhafte Kommunikation bringen Probleme mit sich (Gesetz des liebevollen Zuhörens). Auch der Krebs gehört zu den Zeichen, die gern den Außenradius begrenzen, aber da haben sie die Rechnung nicht mit dem Löwen gemacht. Ihm (dem Löwen) ist die eigene Familie unter Umständen als Publikum nicht genug.

Die grundsätzliche Ausrichtung der **Jungfrau** ist eine ganz andere, als die des Löwen. Aufsparen, aufheben, wiederverwenden können sind Attribute einer Jungfrau. Die dementsprechenden Attribute des Löwen sind dagegen ausgeben, weggeben, verprassen. Wenn Spaß und Vernunft zusammengehen, dann auch Jungfrau und Löwe. Auch hier können beide Zeichen unendlich viel voneinander lernen. So können manche Erschöpfungszustände und die damit verbundenen körperlichen Gebrechen vermieden oder gemildert werden, wenn der Löwe auf die Jungfrau hören würde.

Mit der **Waage** hat der Löwe mehr gemein als beispielsweise mit der Jungfrau. Beide haben Geschmack und zeigen den auch gerne im Außen. Der Besitzanspruch des Löwen kann einschränkend wirken auf die Waage. Die Waage ist fähig, den Löwen auf die Schönheit der Dinge zu lenken. Löwen können häufig aus sich selbst heraus schöpferisch werden. Mit einem entwickeltem Sinn für Schönheit und Ästhetik (wie ihn die Waagen meistens besitzen) kann der Löwe etwas wirklich Wunderbares schaffen.

Mit dem **Skorpion** kann der Löwe tiefe Grabenkämpfe ausfechten. Beide wollen bestimmen und keiner gibt gerne nach. Die Verschwendungssucht des Löwen kann den Skorpion zum Wahnsinn treiben. Auch die leichte Manipulierbarkeit durch Komplimente ist nicht die Sache der Skorpione. Der unentwickelte Skorpion missgönnt dem Löwen seine Anerkennung und seinen Glanz – aber warum tut er dies? Die Anerkennung, die der Löwe erfährt, mindert aus Sicht des Skorpions seine Kontrolle über den Löwen. Wenn er verletzt ist, dann hinterfragt der Löwe das Verhalten des Skorpions auch nicht. Wenn der Löwe dem Skorpion mehr Sicherheit geben kann, dann kann der Skorpion den Löwen auch mehr sein lassen.

Der **Schütze** ist dem Löwen da schon eher wesensverwandt, als es der Skorpion ist. Als Idealpartner für den Löwen ist der Schütze diesem wohl zu unruhig. Der Schütze ist ein Getriebener, der Löwe mehr der Typ des Genießers. Der Löwe ist sich selbst Maßstab aller Dinge, er braucht keinen weiteren oder höheren Sinn wie der Schütze. Bei den Vergleichen der Feuerzeichen sollten wir uns bewusst machen, dass manchmal ein Gegenfeuer das beste Mittel ist, um Feuer zu löschen. So können Feuerzeichen untereinander ihr Feuer löschen, aber auch verstärken. Beide Möglichkeiten sollten im Einzelfall genau untersucht werden. Das Feuer des Schützen ist unruhiger als das des Löwen. Der Löwe ist auch in Beziehungen beständiger, als es der Schütze ist.

Löwe und **Steinbock** wollen beide die Macht. Der Steinbock sucht diese über Ämter und Gesetze; der Löwe hat die autokratische Macht, also die

Macht, die aus seiner Persönlichkeit her resultiert. Der Löwe will die Macht aus sich heraus, während der Steinbock sich häufig alles angeeignet hat, was für die Ausübung dieser Macht nötig ist. Tiefe und verbitterte Kämpfe um diese Macht sind hier möglich. Neben dem Skorpion sind Steinbock und Löwe vielleicht die mächtigsten Zeichen im Tierkreis. Während sich der Skorpion oft selbst im Weg steht, hat der Steinbock gelernt, sich selbst zu disziplinieren. Hier kann der Löwe vom Steinbock lernen. Steinböcke sind auch nicht unbedingt dafür bekannt, besonders lebensfroh oder lebensbejahend zu sein. Im Idealfall kann der Steinbock sich von der Lebenslust des Löwen anstecken lassen. Der Löwe wiederum kann von der Disziplin des Steinbocks profitieren.

Der **Wassermann** ist das Oppositionszeichen zum Löwen (siehe dort).

Fische und Löwe sind so unterschiedlich, dass eine Beziehung zwischen beiden schon wieder funktionieren kann, große gegenseitige Toleranz vorausgesetzt. Die wechselnden Stimmungen der Fische sind dem Löwen lästig bis suspekt. Auch wird der Löwe nicht die Bewunderung und Anerkennung für sich als Individuum vom Fisch bekommen. Die Fische denken mehr an andere, der Löwe meistens zuerst an sich.

♍ Jungfrau

Als nächstes wollen wir uns die Eigenheiten der **Jungfrau in Beziehungen** ansehen. Das Zeichen der Jungfrau gehört zu den bisher wenig verstandenen Zeichen im Tierkreis. Die Jungfrau ist das Zeichen der Integration von körperlichen, geistigen und seelischen (gefühlsmäßigen) Komponenten. Somit liegt es auf der Hand, worum die Jungfrau so viel mit Krankheit /Gesundheit und mit psychosomatischen Zusammenhängen zu tun hat.

Ein weiteres wichtiges Kriterium der Jungfrau ist es zu lernen, **die eigenen Gefühle zu zeigen**. Damit sind wir mittendrin im Beziehungsleben, denn besonders zu den Beziehungen gehören Gefühle absolut dazu. Die typische Jungfrau will weder auffallen noch anderen Menschen auf die Nerven gehen. Von daher wird sie ihre Gefühle eher zurückhalten, als diese zu äußern. Aber genau das soll die Jungfrau lernen, so dass jede Beziehung, die sie aus dem Verstand heraus und in die Gefühle hineinbringt, aus entwicklungstechnischer Sicht zu bejahen ist. Die typische Jungfrau muss Vertrauen ent-

wickeln, um in der Beziehung auftauen zu können. Die Jungfrau ist als Erdzeichen durchaus sinnlich veranlagt, kann aber bei mangelndem Vertrauen oder bei Erlebnissen der Zurückweisung regelrecht prüde wirken.
In einer Beziehung bekommen wir mit der Jungfrau einen loyalen und treuen Partner, der u.a. Ordnung, Gesundheit und bewusste Ernährung in unser Leben bringen kann

Jungfrauen sind meistens überlegt, während der **Widder** spontan und direkt ist. So kann es für beide unter Umständen schwierig sein, zu gemeinsamen Entscheidungen zu kommen. In unklaren Situationen wird sich die Jungfrau dem Widder unterordnen. Der Widder wird die Ordnungssysteme der Jungfrau immer wieder stören und durcheinander bringen. Andererseits bereichert der Widder das Leben der Jungfrau durch Abwechslung, spontane Einfälle und neue Energie. Die Jungfrau kann Ordnung und bewusste Lebensführung in das Leben des Widders bringen – wenn er dies zulässt.

Der **Stier** strebt einen Zustand an, der es ihm erlaubt, sich auszuruhen oder auch mal nichts zu tun. Jungfrauen sind immer mit irgendwelchen Tätigkeiten beschäftigt. So etwas kann den Stier schon unruhig machen, während das Phlegma des Stiers der Jungfrau als Vergeudung von Zeit und Energie vorkommt. Ansonsten können die beiden Erdzeichen gut miteinander auskommen, da ihnen auch ähnliche Werte wichtig sind.

Zwillinge und Jungfrau haben an sich viel gemeinsam, nur ist ihr Tempo ein unterschiedliches. Der Zwilling ist schnell und oberflächlich, die Jungfrau eher gründlich und daher langsamer; obwohl Jungfrauen nicht wirklich langsam sind, wenn wir bedenken, was sie in der ihnen zur Verfügung stehenden Zeit alles machen. Die Jungfrau möchte ihre Zeit immer nutzen und sie kann das Verhalten des Zwillings als oberflächlich und unnütz ansehen.

Krebs und Jungfrau sind auf ihre Art sehr emotionale Zeichen, beiden ist ein solides Zuhause wichtig, beide sind zuweilen recht introvertiert. Nur ist die Jungfrau mehr auf Nützlichkeitserwägungen ausgerichtet, während der Krebs den Eingebungen seines Innenlebens folgt. Beiden Zeichen gemeinsam ist der Bezug zur Natur und zu natürlichen Materialien. Dies zeigt sich auch in der Ernährung sowie in der Nahrungszubereitung. Im Idealfall kann die Verbindung von Krebs und Jungfrau zu den besten gehören, da sich beide Zeichen in den Bereichen Ernährung, Heim und Gefühl sehr ähnlich sind und auch gut ergänzen können.

Der **Löwe** gibt aus und die Jungfrau sammelt es wieder ein. Dem Löwen geht es darum, seine inneren Impulse umzusetzen, koste es, was es wolle, während die Jungfrau aus Anpassungsgründen oder aus Erwägungen der Nützlichkeit eher auf die Umsetzung verzichtet. Die Jungfrau steht im Gegensatz zum Löwen nicht gern im Mittelpunkt, so dass eine Beziehung, die sie zu repräsentativen Unternehmungen zwingt, belastend für sie sein kann.

Wie immer sind Zeichen, die im Tierkreis aufeinander folgen, sehr unterschiedlich. Die **Waage** ist ebenso auf andere bezogen, wie es die Jungfrau auf sich selbst ist. Geht es der Waage um den Ausgleich zwischen den Polen und oft auch um die Vermittlung zwischen den Menschen, so hat die Jungfrau mehr die inneren Prozesse im Blickfeld. Waage und Jungfrau müssen sich nicht ins Gehege kommen, haben aber auch nicht allzu viel miteinander gemein.

Obwohl der **Skorpion** ein Wasserzeichen und die Jungfrau ein Erdzeichen ist und obwohl sich die Erdzeichen und die Wasserzeichen ergänzen, stimmt es bei dieser Paarung so nicht. Denn die Jungfrau ist für den Skorpion zu harmlos, zu wenig Widerstand kann sie ihm entgegensetzen. Zu einseitig würde sich eine Beziehung zwischen den beiden gestalten.
Die Jungfrau ist normalerweise auf das Gesunde, das Organische ausgerichtet, während in vielen Skorpionen auch ein Teil von jener Kraft wohnt, die stets auch das Dunkle sucht. Dieses Verhalten kann der Jungfrau Angst machen und sie damit aus der Beziehung treiben.

Den **Schützen** und die Jungfrau verbindet der Drang, das jeweils erworbene Wissen weiterzugeben. Auch der Sinn für höhere Zusammenhänge ist beiden gemeinsam. Der junge oder unentwickelte Schütze ist der Jungfrau allerdings zu stürmisch, zu unvorbereitet und zu ungestüm. Der Schütze findet die Jungfrau zu kleinkariert und diese den Schützen überheblich und sieht ihn als jemanden, der zwar viel verspricht, aber lange nicht alles davon hält.

Steinbock und Jungfrau sind ein gutes Team. Aber wie es das Wort „Team" schon verrät, gilt dies vor allem beruflich. Zu trocken und einseitig könnte eine Verbindung der beiden werden. Wenn sich beide Zeichen darum bemühen, auch ihre Gefühle zu berücksichtigen und diese dem anderen auch ab und zu mitzuteilen, dann kann diese Beziehung auch langfristig Bestand haben. Am Steinbock schätzt die Jungfrau die Verlässlichkeit; eine Eigenschaft, die ihr Sicherheit vermittelt und sie für vieles andere entschädigen kann.

Mit dem **Wassermann** kann es für die Jungfrau schwierig werden. Wie kann sie sich auf jemanden einlassen, der alle Ordnungen, Reglementierungen und Kompromisse immer wieder aufbricht und ein stetiges Freiheitsbedürfnis zeigt?! Es ist sehr wahrscheinlich, dass beide Zeichen – wenn auch ungewollt – aneinander vorbei leben könnten. Der Wassermann kann insofern von der Jungfrau profitieren, dass diese ihn zu einer gesünderen Lebensweise anregt.

Die **Fische** sind das Gegenzeichen der Jungfrau. Sie zusammen bilden die Achse der Krisen, des Karmas, der Heilung und der Erlösung. In einer Beziehung können sie sich optimal ergänzen oder auch vollständig aneinander vorbei leben.

♎ Waage

Die Waage gilt ja als **das Beziehungszeichen** schlechthin. Doch manchmal ist es so, dass die Waagen so viel mit Beziehungen zu tun haben, dass sie gar nicht dazu kommen, sich um ihre eigene Beziehung zu kümmern. In eine ähnliche Richtung geht die Aufklärung eines beliebten Vorurteils über die Waagen: heißt es doch immer Waagen wären ausgeglichen. Waagen sind nicht ausgeglichen, sie gleichen aus. Was hier sehr ähnlich klingt, könnte unterschiedlicher kaum sein. Es ist die Aufgabe der Waage auszugleichen. Wäre sie ausgeglichen, dann hätte sich ihre Funktion erschöpft. Denken wir an die Haushaltswaage. Diese wird doch nur dann verwendet, wenn wir sie benötigen, vor und nach Gebrauch ist sie ausgeglichen. Während des Vorgangs, für den sie gemacht ist, gleicht sie aus oder wir sagen: sie wiegt. Das Wiegen ist ja der Vorgang, die beiden unausgeglichenen

Waagschalen in ein Gleichgewicht zu bringen. Wenn wir uns diesen an sich simplen Vorgang aus der Küche genauer betrachten und ihn analog auf das Wesen und die Persönlichkeit von astrologisch durch die Waage beeinflussten Menschen anwenden, dann können wir eine Menge erkennen und verstehen.

Die typische Waage ist dazu bestimmt, Beziehungen zu führen. Waagen können sich tatsächlich dem Gegenüber widmen, sich in ihn hineindenken und dem anderen das Gefühl vermitteln, dass wirklich er gemeint ist. Aber die typische Waage als Luftzeichen **braucht einen gewissen Freiraum**, um ihre vielen unterschiedlichen Beziehungen und Kontakte zu pflegen. Wenn der Partner der Waage dies nicht erkennen sollte, dann haben die beiden ein echtes Problem. Ansonsten kann mit der Waage sehr gut Partnerschaft gelebt werden.

Der **Widder** ist das Oppositionszeichen zur Waage (siehe dort).

Waage und **Stier** haben die Venus als Zeichenherrscher gemeinsam, die Ausrichtung ist entgegengesetzt. Die Waage orientiert sich am Außen, der Stier nach innen. Der Stier begrenzt, die Waage bezieht gerne andere mit ein. Gemeinsam haben sie den Sinn für die Kunst und das Schöne, auch wenn der Geschmack wiederum eher unterschiedlich ist. Die Waage ist ästhetischer, der Stier natürlicher. Die Waage muss aufpassen, dass sie sich ihren Freiraum nicht allzu sehr vom Stier begrenzen lässt.

Mit den **Zwillingen** kommt die Waage gut aus, beide Zeichen haben viele Ähnlichkeiten. Die Gefahr dieser Verbindung könnte in zu großer Oberflächlichkeit liegen. Beide Zeichen sind Meister der Kommunikation, dort liegen auch die Stärken dieser Verbindung. Aber sowohl die Waage als auch die Zwillinge müssen lernen, sich auf ihre Gefühle einzulassen. Wenn eine Beziehung zwischen beiden dazu beiträgt, diese zu verdrängen, wäre das nicht empfehlenswert.

Mit dem **Krebs** kann es für die Waage zu Problemen kommen, da beide Zeichen in ihrer kardinalen Natur gern die Richtung angeben. Im Gegensatz zu den beiden anderen kardinalen Zeichen Widder und Steinbock, sind Waage und Krebs eher indirekt im Umsetzen ihrer Ziele. Dem Krebs geht es um die Familie, die Waage kann sich auch über Gruppierungen identifizieren. Als Beispiel wählen wir einen Mann (Krebs), der nicht verstehen kann, dass seine Frau (Waage) mehr Zeit mit ihren Parteifreunden verbringt, als mit der Familie. Diese Problematik finden wir auch bei Krebs/Wassermann.

Waage und **Löwe** – das klingt schon wie eine gelungene Komposition und tatsächlich können sich die Fähigkeiten von Waage und Löwe sehr schön ergänzen, vor allem, wenn diese einen klaren Außenbezug haben. Die Waage kann sehr gut ein echtes Interesse am anderen zeigen. Aufmerksamkeit ist für den Löwen wie Honig für den Bären. So können besonders geschickte Vertreter der Waage den Löwen so dirigieren, dass dieser alles so arrangiert, wie die Waage das gerne hätte, dabei aber denkt, er habe alles bestimmt.

Mit der **Jungfrau** kann es schon von daher schwierig sein, weil diese der Waage viel zu genau ist und sie sich durch die Jungfrau schnell kontrolliert fühlt. Auch das Pendantische kann der Waage auf die Nerven gehen. Eine innere Entwicklung vorausgesetzt, können beide Zeichen voneinander profitieren. Die Waage kann von der Jungfrau lernen, sich stärker auf sich selbst zu beziehen. Die Jungfrau kann am Verhalten der Waage erkennen, wie sich Kontakte nach außen leichter gestalten können.

Waage und **Skorpion** sind möglicherweise eine eher problematische Paarung, da die Diplomatie und die Harmlosigkeit der Waage keine probaten Mittel für bzw. gegen den Skorpion darstellen. Erschwerend kommt hinzu, dass der Kontrollzwang und die Eifersucht des Skorpions die Kontaktfreudigkeit der Waage hemmen. Die Waage als Meister der Luft und der Skorpion als Wasserzeichen sind einfach in verschiedenen Elementen zu Hause.

Mit dem **Schützen** kann die Waage viele ihre Vorstellungen verwirklichen. Beide reisen gerne und beide sind beweglich und haben viele Außenkontakte. Der Schütze kann der Waage einfach zu selbstbezogen sein. Mag die Waage es doch, wenn man sich um sie kümmert. Der Schütze kann die gemeinsame Kommunikation auf Themen lenken, die mit Philosophie und Religion zu tun haben. Davon wiederum kann die Waage nur profitieren.

Mit dem **Steinbock** hat die Waage es nicht leicht, denn diesen kann sie nur schwer dazu bringen, das zu tun, was sie will. Auch die Introvertiertheit und Schweigsamkeit des Steinbocks sind nicht attraktiv für die Waage. Steinböcke sind häufig misstrauisch und können der Waage ihre vielen Kontakte und Flirtereien übel nehmen. Der Steinbock kann der Waage allerdings den Sinn nach dem Höheren zeigen. Im besten Fall treffen sich beide in der Gerechtigkeit.

Der **Wassermann** liegt da schon eher auf der gleicher Wellenlänge wie die Waage. Beide haben viel mit anderen Menschen zu tun, lieben die Kommunikation und brauchen ihren Freiraum. Nur ist die Waage gern selbst gemeint und auch in persönlichen Beziehungen kann der Wassermann distanziert sein. Die Ausrichtung der Waage ist einfacher, sie ist auf das Schöne, auf die Verbindung von Form und Inhalt bezogen. Der Wassermann ist da komplexer, mehr auf die Vergeistigung gerichtet. Ihre Verbindung kann synergetisch sein oder aneinander vorbei laufen, sie kann sich als Luftblase erweisen.

Fische und Waage sind als Zeichen wiederum unterschiedlich. Da beide sehr höflich und zurückhaltend sein können, kann auch eine Beziehung funktionieren. Doch die Fische sind der Waage zu schwach, zu gefühlsselig und zu wechselhaft. Da sich der Fisch gern entzieht, kann sich die Waage auch dann allein fühlen, wenn sie es eigentlich gar nicht ist. Das große Kommunikationsbedürfnis der Waage ist für den Fisch oft überflüssig. Häufig fällt es schwer, Bezüge zwischen Zeichen herzustellen, die im Quinkunx zueinander stehen, wie eben bei Waage und Fische.

♏ Skorpion

Der Skorpion ist das geheimnisvollste aller zwölf Zeichen und zusätzlich ist er ähnlich verschlossen wie der **Steinbock**. Beide Zeichen haben ohnehin viel gemeinsam. Beide sind eher introvertiert, beide sind sehr analytisch und kritisch und beide haben mit Macht-Themen zu tun. Der Skorpion, der an seiner inneren Entwicklung arbeitet, wird immer mehr davon Abstand nehmen, andere Menschen zu kontrollieren, sondern er wird es anstreben, Macht über sich selbst, über seine niederen Triebe zu erlangen.

Anmerkung:
An dieser Stelle fügen wir einen kleinen Exkurs ein über das Doppelzeichen Skorpion. Der Skorpion war früher als Skorpion/**Adler** bekannt, wobei der am Boden lebende Skorpion für die niederen Triebe und Eigenschaften stand. Diese galt es zu überwinden. Symbolisch gesehen richtet der Skorpion seinen Giftstachel nicht mehr auf andere, sondern auf sich selbst. Damit tötet er seine niedere Natur, um in seiner höheren Form, dem Adler, wiedergeboren zu werden. Nun ist er souverän, unabhängig, über den Dingen schwebend. Selbstredend sind natürlich beide Formen schon im Skorpion enthalten, der Tod ist hier symbolisch zu verstehen.

Für den typischen Skorpion sind Beziehungen sehr wichtig. Er ist ein Zeichen, welches am meisten mit einer direkten Beziehung zu einem anderen Menschen anfangen kann. In der Konzentration auf eine Person kann er seine ganze Leidenschaft und Intensität leben. Die Bezogenheit auf Sexualität kann ebenso extrem sein wie seine Eifersucht und sein Besitzdenken in Bezug auf seinen Partner. So oder so braucht der Skorpion einen starken Partner, der in der Beziehung er selbst bleiben kann und der ihm Paroli bieten kann.

Ein Dominanz-Problem kann sich zwischen dem Skorpion und dem **Widder** ergeben. Auch der Widder will bestimmen, nur dies ganz direkt, während der Skorpion die Fäden im Hintergrund zieht. Häufig kommt es zur Eskalation wenn der Widder erkennt, manipuliert worden zu sein. Nach altem Verständnis herrscht Mars in beiden Zeichen, so kann es im Extremfall zum Krieg zwischen beiden kommen. Andererseits versteht es gerade der Widder, dem Skorpion Paroli zu bieten.

Der **Stier** ist das Oppositionszeichen zum Widder (siehe dort).

Zwillinge und Skorpion sind von ihrem Naturell her wirklich sehr unterschiedlich. So verschwiegen und geheimnisvoll der Skorpion ist, so offen und direkt ist der Zwilling. Im Bereich der Kommunikation können sich von daher auch viele Probleme ergeben. Aus Sicht des Skorpions ist der Zwilling zu oberflächlich und zu sehr an der Außenwelt interessiert. Auch den Bereich starker Gefühle meidet der Zwilling im Gegensatz zum Skorpion gern. Im Idealfall kann der Zwilling mehr Tiefgang durch die Beziehung zum Skorpion bekommen, während dieser etwas lockerer wird.

Der **Krebs** kann mit dem Skorpion mitfühlen – ob er ihn auch immer verstehen kann, ist eine andere Frage. Es besteht die Gefahr, dass der Skorpion dominiert, obwohl auch der Krebs sehr beharrlich sein kann auf seine Art. Krebs und Skorpion sind beides Wasserzeichen und haben von daher sicherlich ein intuitives Verständnis für den anderen. Es geht dem Skorpion um die Beziehung zum anderen, während diese für den Krebs Mittel zum Zweck ist. Für ihn (den Krebs) ermöglichen Beziehungen die Bildung von Familie und Heim.

Löwe und Skorpion können die intensivsten Gegner füreinander sein, die wir uns nur vorstellen können. Genauso wie dem Löwen die Hinterlist des Skorpions fremd ist, kann der Skorpion die Selbstentblößung des Löwen nicht nachvollziehen. Ähnlich sind beide in ihrer Beharrlichkeit, vor allem wenn es um die Sicherung ihres jeweiligen Machtbereiches geht. Beide Zeichen können sehr viel voneinander lernen wenn sie bereit sind, wirklich über ihren Schatten zu springen.

Skorpion und **Jungfrau** haben eine gute Basis für eine funktionierende Beziehung. Allerdings kann der Skorpion in der Beziehung sehr dominant sein und die Jungfrau muss sich dann anpassen. Für einen sozusagen geläuterten Skorpion kann die Jungfrau ein sehr guter Partner sein. Eine typische Jungfrau wird sich auch dem Skorpion gegenüber nicht zwangsläufig ihrer Leidenschaft hingeben. Sie wird eher überlegen und das tun, was für sie „richtig" ist. Darauf kann wiederum ein typischer Skorpion keine Rücksicht nehmen.

Ob auch die **Waage** immer ein guter Partner für den Skorpion sein kann, muss bezweifelt werden, denn die Lebensausrichtung von Waage und Skorpion gehen doch weit auseinander. Mag die Waage viele andere Leute in ihr Leben mit einbeziehen, bezieht der Skorpion im Extremfall noch nicht einmal seinen Partner mit ein. Waagen sind auch an der Oberfläche der Dinge, dem Anstrich und der äußeren Schönheit gegenüber interessiert, der Skorpion lebt vor allem in seiner (Innen-)Welt.

Anmerkung:
Natürlich kann es in der Realität auch Beziehungen zwischen Waage und Skorpion geben, die absolut gut funktionieren. Im Horoskop spielt nie nur ein Zeichen oder ein Planet allein die Hauptrolle, aber in der Typisierung werden Verhaltensweisen und grundsätzliche Mu-

ster deutlich, deren Wissen wir dort besonders gut einsetzen können, wo es um unsere eigenen Anteile geht.

Auch mit dem **Schützen** tut sich der Skorpion unter Umständen schwer. Die grundsätzliche Ausrichtung von Schütze und Skorpion ist gegensätzlich; der Schütze ist all das, was der Skorpion nicht ist. Der Schütze kann sehr offen bis offenherzig sein, er ist stark auf das Außen bezogen und gern mit Menschen zusammen. Es ist für den Skorpion kaum möglich, den Schützen in dessen Bewegungsdrang zu kontrollieren. Der Schütze kann den Skorpion auch einmal aus dessen Innenwelt herausholen. Der Skorpion wiederum kann beim Schützen ein gewisses Interesse an dessen Innenleben erwecken.

Mit dem **Steinbock** hat der Skorpion das Machtthema gemeinsam. Dem Steinbock geht es darum, die Macht, Regeln und Gesetze festlegen zu können. In demokratischen Staaten oder Gemeinschaften ist dies auch kein Problem. Es wird allerdings zum Problem wenn der Steinbock meint, das Gesetz in die eigenen Hände nehmen zu können. Wir kennen dies aus alten amerikanischen Western. Sind beide Zeichen nicht so weit entwickelt, kommt es hier ziemlich sicher zu Machtstreitereien. Der Steinbock kann dem Skorpion durchaus Paroli bieten. Steinbock und Skorpion sind sich in ihrer verinnerlichten Art durchaus ähnlich und können einander verstehen. Auf dieser Basis kann eine Beziehung aufgebaut werden.

Skorpion und **Wassermann** sind in unterschiedlichen Welten zu Hause. Der Skorpion gehört zum Element Wasser – ihn zieht es nach unten. Der Wassermann gehört zum Element Luft – ihn zieht es nach oben. So wie der Skorpion in seiner eigenen Gefühls- und Empfindungswelt lebt, so verlangt es den Wassermann nach der Freiheit von den eigenen Gefühlen. Er will sich nicht in enge Fesseln zwängen lassen und nimmt sich umso mehr Freiraum, je mehr ihm dieser verweigert wird. Dieses Verhalten wiederum kann den Skorpion aktiv werden lassen, denn hier reicht es nicht, wenn er droht, hier muss er aktiv werden. Und so wird der Skorpion seinen Druck nach Kontrolle verstärken, was wiederum das Freiheitsbedürfnis des Wassermanns erhöht. Dies kann zur endlosen Spirale werden. Für eine funktionierende Beziehung zwischen zwei typischen Vertretern dieser Zeichen ist eine jeweilige hohe Entwicklungsstufe Voraussetzung.

Ein **Fisch** kann es dagegen gut mit einem Skorpion aushalten. Er kann in jeder Empfindung oder Ebene mitschwimmen. Da der Fisch immer einen Teil seiner Selbst nicht mit einbringt, kann er auch nicht komplett vom Skorpion vereinnahmt werden. So kann eine Eigenschaft der Fische, die in manchen Paarungen Probleme bereiten kann, in anderen von Vorteil sein.

♐ Schütze

Beim Schützen ist es sehr wichtig, den **Altersfaktor** zu berücksichtigen, denn der Schütze verändert sich besonders stark im Laufe seines Lebens. Häufig können wir sogar zwei Lebenshälften ausmachen. Diese lassen sich in Analogie setzen zum Zeichen des Schützen selbst. Zeigt dieses doch die Gestalt eines Kentauren, also einer Mischung aus Pferd und Mensch. Der Kentaur setzt sich demnach aus einem Teil des Pferdes (Unterleib) und einem Teil des Menschen (Oberleib) zusammen. Er ist damit das Symbol für das Zwiegespaltene des Menschen, der tatsächlich in vielerlei Hinsicht zwischen Tier und Gott steht.

Beim durch den Schützen betonten Menschen ist dieser Zwiespalt auch deutlich zu erkennen. Denn obwohl der Schütze ein sehr kommunikatives und manchmal sogar gebildetes Wesen hat, ist doch auch seine animalische Note sehr stark. Dieses animalische instinktive Verhalten treibt ihn vor allem in der Jugend um, so dass er manchmal die Schulausbildung früh abbricht und sich unbeständig in Freundschaften und Beziehungen verhält. Es ist diese Unbeständigkeit und die damit verbundene Unberechenbarkeit, die so verstörend wirkt auf die Partner des Schützen. Wie ein gutes Wildpferd braucht auch der Schütze seinen Auslauf. Von daher gehört er auch nicht gerade zu den Zeichen, die **Treue** zu ihrer ersten Tugend auserkoren haben.

Wie schon angedeutet, können sich diese Verhaltensweisen im Alter mit zunehmender Reife verändern. Aber auch in seiner Jugend ist der Schütze zu recht ein sehr begehrter Partner. Denn er ist sportlich, unterhaltsam, kommunikativ und man kann Pferde mit ihm stehlen. Der Schütze kann begeistern und sein Idealismus kann einer Beziehung Sinn und Bewegung verleihen.

Schütze und **Widder** haben das gleiche Element (Feuer) und sind auch gut darin, etwas gemeinsam zu unternehmen. Aber da beide recht egozentrisch sind, können sich daraus Probleme durch Rechthaberei und dem Streben nach Dominanz ergeben. Beide Zeichen wollen führen und bestimmen. Dabei kann der Widder geistig vom Schützen profitieren und der Schütze kann die Treue des Widders als Vorbild zur Veränderung des eigenen Verhaltens nehmen.

Mit dem **Stier** hat der Schütze – wie im Grunde alle Feuerzeichen – seine Probleme, da ihm der Stier in seiner Lebensauffassung und seiner Lebensgestaltung zu eng ist und dieser sich zu sehr auf dem Sparkurs befindet. Der Schütze will immer expandieren, der Stier will seine Güter lieber zusammenhalten. Für den Schützen ist die Vision, die übertriebene Vorstellung einer möglichen Zukunft sein Lebenselixier, während der Stier sich lieber an die Realität hält. Der eine (Schütze) kann den anderen (Stier) nervös machen. Der Stier bremst den Schützen häufig in dessen Bewegungsdrang.

Der **Zwilling** ist das Oppositionszeichen zum Schützen (siehe dort).

Können **Krebs** und Schütze in einer Beziehung einen gemeinsamen Weg finden? Das kann auch deswegen schwierig werden, weil der Schütze schnelle und pragmatische Lösungen bevorzugt. Das ist etwas, was der Krebs nicht liefern kann. Auch die offene und direkte Kommunikation ist die Sache der Krebse meistens nicht. Außerdem ist der Schütze gerne und immer unterwegs und der Krebs ist am liebsten daheim. Das Problem liegt aber auch darin, dass der Krebs den Schützen auch gern zu Hause hätte. Auf die Einschränkung seiner Bewegungsfreiheit reagiert der typische Schütze allergisch. Wenn der Krebs mit dem Schützen eine Beziehung führen will, muss er aktiver in seinem Bewegungsdrang werden.

Mit dem **Löwen** kann es für den Schützen zu ähnlichen Problemen kommen wie mit dem Widder. In gemeinsamen nach vorne gerichteten Aktionen können sich beide gut ergänzen. In engen Beziehungen, insbesondere in engem Wohnraum, kann es schnell zu hitzigen Auseinandersetzungen kommen. Der Löwe hat Probleme mit der Unbeständigkeit des Schützen und der Schütze hat Probleme mit dem Geltungsdrang des Löwen.

Mit der **Jungfrau** kann der Schütze darüber in Stress geraten, in welcher Weise das Leben und seine Herausforderungen angegangen wird. Die Jungfrau liebt die genaue, sorgfältige Untersuchung, während der Schütze sich gerne großspurig darüber hinwegsetzt. Die Jungfrau ist dem Schützen zu umständlich, zu genau und zu sehr auf Sicherung bedacht. Die Jungfrau mag es nicht, wie der Schütze über alle Vorsichtsmaßnahmen hinweggeht und einfach „sein Ding macht". Der Schütze kann von der Jungfrau mehr Sorgfalt lernen und die Jungfrau vom Schützen auch einmal loszulassen und spontan zu sein.

Die **Waage** liegt dem Schützen. Sie ist wie er auf das Außen fixiert, ist gern mit anderen Menschen zusammen und liebt die Kommunikation. Die Waage ist sicherlich auch dazu in der Lage, das Geltungsstreben des Schützen zu ertragen. Im besten Fall bringen Schütze und Waage Sinn und Schönheit zusammen.

Skorpion und Schütze sind einander fremd – wie meistens bei nebeneinander liegenden Tierkreiszeichen. Der Schütze richtet seine Energie großzügig und verschwenderisch nach Außen, während der Skorpion nach innen gerichtet ist. Der Skorpion wird sich beim Schützen damit schwer tun, diesen zu manipulieren, denn die Schützen machen, was sie wollen. Die offene Art des Schützen trifft auf den verschlossenen Skorpion. Beide Zeichen müssen sich aufeinander zu bewegen, wenn sie eine Beziehung miteinander führen wollen.

Ähnlich fremd wie Schütze/Skorpion sind sich auch Schütze und **Steinbock**. Dem Steinbock geht es um grundsolide Planung, während der Schütze gern seinen Impulsen folgt. Der Steinbock kann Situationen aussitzen, während der Schütze sich tatsächlich und auch im übertragenen Sinn bewegen muss. Nur mit großer beidseitiger Reife können Steinbock und Schütze eine für alle gewinnende Beziehung miteinander führen. Zumeist werden aber die Unterschiede überwiegen. Die aus Sicht des Steinbocks großspurige Art des Schützen Räume einzunehmen, widerspricht dem Ideal der Beschränkung des Steinbocks.

Wassermann und Schütze sind beide idealistisch und richten ihre Aufmerksamkeit gern und häufig nach Außen. Beide Zeichen sind kommunikativ und gehen aktiv Verbindungen mit anderen Menschen ein. Eine Beziehung zwischen Wassermann und Schütze funktioniert eher in der Außenwelt als Zuhause. Beide müssen sich bemühen, ehrlich und konsequent miteinander zu sprechen, damit sie ihre jeweiligen Pläne und Vorhaben abstimmen können. Sowohl der Wassermann als auch der Schütze sollten im Sinn ihrer seelischen Entwicklung Interesse daran entwickeln, auch ihre Gefühle mit einzubringen.

Fische und Schütze sind ja tatsächlich wie Feuer und Wasser. Der Fisch kann mit seiner passiven Art den Schützen zum Wahnsinn treiben. Dieser wird die Beziehung meist dominieren. Auch bei dieser Paarung gilt, dass bei entsprechender Reife beider Partner die Beziehung zwischen ihnen sehr wohl funktionieren kann. Vor allem dann, wenn der Schütze seine Egozentrik überwunden hat und sich höher geordneten Zielen zuwendet und wenn er sich darum bemüht, auch seine Gefühle wahrzunehmen.

♑ Steinbock

Nicht wenige Menschen behaupten, dass sie nie wieder eine Beziehung mit einem Steinbock eingehen würden. Andere sagen dagegen: „einmal einen Steinbock, immer einen Steinbock!". Woran kann es liegen, dass wir solch unterschiedliche Bewertungen eines Zeichens bekommen? Das mag vor allem daran liegen, dass auf unterschiedliche Eigenschaften Wert gelegt wird. Die Verschlossenheit des Steinbocks und seine Schwierigkeit, seine durchaus vorhandenen Gefühle zu zeigen sowie seine trockene Art stoßen manche Menschen ab. Seine Tugenden wie Verlässlichkeit, Treue und Pünktlichkeit sowie seine Fähigkeit, in der Gesellschaft fast immer seinen Weg zu machen, ziehen andere wiederum an. Vor allem Menschen mit starken Sicherheitsbedürfnissen wie auch solche, die bewusst oder unbewusst nach Strukturen verlangen, fühlen sich zu dem vom Steinbock betonten Menschen hingezogen.

Steinböcke haben es **nicht leicht mit ihren Gefühlen**. Vor allem fällt es dem typischen Steinbock schwer, seine Gefühle zu zeigen. Hier ist er unbeholfen und angreifbar und dies ist für jemanden, der stark und souverän wirken will, sehr schwierig. **Beziehungen** können dem Steinbock helfen, im Umgang mit Gefühlen sicherer zu werden. Wer sich als Partner eines Steinbocks die Mühe macht, sich wirklich in ihn hineinzudenken oder hineinzufühlen, wird mit lebenslanger Treue und echter Partnerschaft belohnt.

Steinbock und **Widder** gehören zu den Gehörnten und könnten aneinander geraten. Beide Zeichen meinen zu wissen, wie eine Sache anzupacken ist. Der Widder macht es mit Dynamik und Initiative, der Steinbock mit Überlegung und Planung. Der Aktionismus des Widders überfährt den Steinbock und die strukturierte Planung des Steinbocks erstickt den Widder. Der Steinbock kann mehr Spontaneität vom Widder lernen und der Widder vom Steinbock, dass ein wenig Planung durchaus positive Ergebnisse zeigen kann.

Auch das nächste Paar, Steinbock und **Stier,** sind eine der gehörnten Verbindungen. Diese Beziehung gilt als eine sehr gute, aber es gilt zu bedenken, dass, wenn beide Partner sehr sparsam sind, einer von beiden sich überwinden muss, Geld oder anderes auszugeben. Für den Steinbock ist der Stier zu sinnesfreudig und zu sehr am Lebensgenuss interessiert. Seine Beständigkeit und Treue lässt eine einmal eingegangene Beziehung lange halten.

Mit den **Zwillingen** hat der Steinbock seine Schwierigkeiten, denn die Flatterhaftigkeit und das zerstreuende Interesse an allem und jedem macht den Steinbock ganz nervös. Dieser wiederum ist dem Zwilling zu ernst, zu sehr auf seine Arbeit/Aufgabe ausgerichtet und von daher zu wenig spontan. Der Zwilling hat beim Steinbock auch Probleme damit, dass dieser sich so wenig äußert. Die grundsätzliche Tendenz des Zwillings ist die Zerstreuung, die des Steinbocks die der Konzentration. Das sind entgegengesetzte Tendenzen, die sich nur schwer miteinander vereinbaren lassen.

Der **Krebs** ist das Oppositionszeichen des Steinbocks (siehe dort).

Steinbock und **Löwe** sind beides Zeichen, die gerne Macht besitzen und diese auch ausüben. Von daher sind hier bereits Konflikte vorgezeichnet. Auch wird der typische Löwe sehr viel Aufmerksamkeit fordern und er entscheidet gern gefühlsmäßig. Das alles ist nicht das Terrain des Steinbocks. Der Löwe liebt das Leben, während es für den Steinbock häufig Anstrengung bedeutet. So kann der Steinbock vom Löwen lernen, auch die positiven Seiten des Lebens mehr zu beachten und der Löwe lernt vom Steinbock, dass manchmal auch Anstrengungen nötig sind, um ein Ziel zu erreichen.

Mit der **Jungfrau** kommt der Steinbock meistens gut zurecht. Beide sind mehr auf praktische Belange ausgerichtet. Da die Jungfrau besser mit dem Körper und der Steinbock besser mit den gesellschaftlichen Anforderungen zurecht kommt, können beide sehr voneinander profitieren. Der Steinbock kann es bei der Jungfrau sehr genießen, auch einmal gelassen zu werden. Die Jungfrau bewundert die Funktionalität des Steinbocks.

Waage und Steinbock sind beide kardinal und möchten daher gern die Richtung angeben. Der Steinbock begründet diesen Anspruch durch seine Autorität, die er in sich selbst findet. Die Waage nutzt ihre Beziehungen, um sich in ihrer Richtung bestätigen zu lassen. Diese polar entgegengesetzten Ansätze machen es in vielen Situationen für Waage und Steinbock miteinander schwierig. Wenn sich die Waage auf den Steinbock einstellt und seine Launen zu nehmen weiß, kann allerdings auch diese Verbindung funktionieren. Die Waage hält es nur dann mit dem Steinbock aus, wenn dieser sich dazu durchringt, mehr Kontakte in sein Leben zu lassen und mehr mit seinem Partner zu kommunizieren.

Skorpion und Steinbock sind verwandte Seelen. Beide sind sie viel mit sich selbst beschäftigt und durchleben ihre Krisen. Probleme können dann entstehen, wenn es darum geht, Einfluss auf seine Umgebung auszuüben, denn das ist beiden Zeichen wichtig. Damit kann es zu Machtproben aller Art kommen. Vielleicht ist im Tierkreis nur der Steinbock in der Lage, den Skorpion zu bändigen. Ein Problem zwischen beiden Zeichen kann dadurch entstehen, dass der Steinbock sich nur ungern seinen Gefühlen zuwendet und obwohl er auf eine erdhafte Weise sexuell ist, nicht gern die Kontrolle aufgibt und sich daher nicht unbedingt seiner Leidenschaft und seinen Trieben hingibt.

Schütze und Steinbock folgen im Tierkreis aufeinander, haben demnach ganz andere Ausrichtungen. Schütze symbolisiert die Bewegung, Steinbock den Stillstand. Der Schütze überbetont gern seine Persönlichkeit, während der Steinbock diese negiert. Daher verstehen sich beide nicht unbedingt, könnten aber sehr voneinander profitieren wenn es ihnen gelingt aufeinander zuzugehen.

Wassermann und Steinbock sind nach altem Verständnis beide von Saturn beherrscht. Außerdem sind beides Zeichen des Winters und von überpersönlicher Natur. Damit hören die Gemeinsamkeiten aber auch schon auf. Der Wassermann ist dem Neuen und der Zukunft zugewandt, der Steinbock gilt als konservativ und eher auf die Vergangenheit bezogen. Der Wassermann will Regeln, Gesetze und Strukturen ganz im Gegensatz zum Steinbock auflösen. In der Politik beispielsweise ist der Wassermann für Reformen und der Steinbock dafür, Bewährtes zu erhalten.

Fische und Steinbock können sich sehr gut ergänzen. Die Hingabefähigkeit der Fische in Verbindung zu ihrer sehr emotionalen Natur passt gut zur eher rationalen und kühlen Art des Steinbocks. Dieser kann dem Fisch helfen, in den eher lebenspraktischen Dingen und der Alltagsbewältigung. Denn ein wenig Erdung und Struktur tun den Fischen ebenso gut, wie die Gefühlsqualitäten der Fische dem Steinbock.

♒ Wassermann

Sind vom Wassermann betonte Menschen überhaupt geeignet, enge Beziehungen zu führen? Der Wassermann gehört zu den am schwersten zu verstehenden Zeichen, weil er in sich starke Gegensätze vereint. Diese **innere Gegensätzlichkeit** zeigt sich auch in seinen Beziehungen. So ist es durchaus möglich, dass der Wassermann plötzlich das Gegenteil behauptet von dem, was er vor kurzem noch vertreten hat. Besonders schwierig ist ein solches Verhalten für diejenigen Zeichen, die auf Konstanz, Berechenbarkeit und Logik setzen (wie der Steinbock, der Krebs, der Stier, der Löwe und der Skorpion). Daraus dürfen wir nicht deuten, dass der Wassermann unstet ist, denn als festes Zeichen der Luft tritt er ein für die Wahrheit und er ist in seinen Gefühlen treu und ergeben. Da er jedoch seinen Gefühlen nicht allzu sehr zugewandt ist, ist er mit ihnen nicht besonders vertraut. Der Wassermann ist in einer Beziehung **nicht besonders romantisch und leidenschaftlich**.

Der Wassermann braucht sehr viel **Freiraum** und er ist immer bereit, jede Form zu durchbrechen, die ihm zu eng wird. Damit ist es oft sehr schwierig, feste Strukturen in einer Beziehung mit einem Wassermann auf Dauer zu etablieren. Als Partner eines Wassermanns brauchen wir eine gewisse Menge an Flexibilität. Andererseits haben Wassermänner keine Standesdünkel und sie sind wirklich tolerant. Wenn wir selbst ein Mensch mit wunderlichen Eigenschaften sind, so ist der Wassermann vielleicht ein idealer Partner für uns. Der Wassermann kommt mit allen aus und aufgrund seiner exzentrischen Art und seiner komplexen Persönlichkeitsstruktur auch wiederum mit keinem.

Mit dem **Widder** verbindet den Wassermann das Unorthodoxe. Aber der Widder ist ihm zu fordernd und zu bestimmend. In seinen Aktionen bezieht der Widder den Wassermann wie selbstverständlich mit ein und verfügt im gegebenen Fall auch über dessen Ressourcen und das kann dieser nicht zulassen. Der Widder ist meistens geradlinig, während der Wassermann komplex und versponnen ist. Was dem einen zu schwierig ist, erscheint dem anderen zu einfach. Trotzdem ist es vielleicht gerade der Widder, der mit seiner Geradlinigkeit den Wassermann zu nehmen weiß.

Der **Stier** kann dem Wassermann stärker und anders auf die Nerven gehen, als es beispielsweise der Widder vermag. Der Stier hat klare Vorstellungen und konkrete Forderungen. Darauf reagiert der Wassermann absolut allergisch und schaltet auf stur. Jede Absicherung des Stiers wird vom Wassermann als Freiheitsbeschränkung empfunden. Auch im Bereich der Kommunikation kann es zu Missverständnissen kommen. Der Wassermann mutiert bekannterweise aus der Form, jegliche Formgebung empfindet er als Einschränkung, während gerade diese dem Stier seine Sicherheit gibt.

Mit dem **Zwilling** kommt der Wassermann gut klar. Beides sind Luftzeichen, lieben die Kommunikation und den Wechsel. Die vielseitigen und unterschiedlichen Interessen beider Zeichen bringen es mit sich, dass sie sich zeitweilig kaum begegnen, was einer Beziehung natürlich nicht gut tut. Beiden Zeichen fehlt die Erdung. So wird es in dieser Paarung viele Ideen geben, aber unter Umständen werden nur wenige davon umgesetzt werden.

Dem **Krebs** geht es um die Bindung, damit auf dieser aufbauend er ein Zuhause und eine Familie errichten kann. Der Krebs arbeitet also an einer festen Form. Der Wassermann hat wie wir wissen die Tendenz, jegliche Form zu durchbrechen. So können Krebs und Wassermann große Probleme miteinander bekommen. Ein weiterer Unterschied besteht darin, dass der Krebs hauptsächlich gefühlsorientiert ist, während der Wassermann mit dem Verstand arbeitet und mit Gefühlen nicht so viel im Sinn hat.

Was für den Krebs seine Familie ist, ist für den Wassermann die geistige Bruderschaft. Der Krebs muss lernen, den Wassermann mit dessen Bezugsgruppe zu teilen. Dem Wassermann sind die Anliegen des Krebses zu eng und zu konventionell. Der Krebs bekommt beim Wassermann nicht die Form der emotionalen Sicherheit, die er verlangt.

Löwe und Wassermann sind Oppositionszeichen, siehe dort.

Ähnlich wie mit dem Krebs kann der Wassermann mit der **Jungfrau** Probleme bekommen. Auch diese ist mehr nach innen gerichtet und auf nützliche Dinge und Verfahren spezialisiert. Das häufig für sie unlogische Verhalten des Wassermanns macht die Jungfrau nervös. Den Wassermann interessieren auch Projekte, die nicht sofort Gewinn oder Nutzen nach sich ziehen. Da kann die Jungfrau lernen, auch einmal etwas aus Idealismus zu tun, während der Wassermann von der Jungfrau lernen könnte, auch praktische Erwägungen zuzulassen.

Mit der **Waage** und dem Wassermann ist es ähnlich wie mit den Zwillingen. Auf der kommunikativen Ebene begegnen sie sich und betreiben aktive Kontakte in die Außenwelt. Die Unterschiede bestehen darin, dass die Waage auf das Du geeicht ist, während es der Wassermann nicht liebt, so persönlich gemeint zu sein. Diese Verbindung erscheint im beruflichen oder im freundschaftlichen Bereich günstiger zu sein.

Skorpion und Wassermann gehören zu den eher schwierigen Beziehungen im Tierkreis. Der Skorpion will Bindung und Ausschließlichkeit, um Intensität in den Gefühlen und in der Sexualität leben zu können. Der Wassermann will sich gar nicht so tief einlassen und hält die Menschen und seine Beziehungen eher auf Abstand, um seine Freiheit zu bewahren. Der Skorpion ist auf Gefühle und Emotionen ausgerichtet, der Wassermann ist in den

Bereichen des Geistes zu Hause. Der eine (Wassermann) will nach oben, den anderen (Skorpion) zieht es mehr nach unten.

Schütze und Wassermann sind sich da weitaus ähnlicher als es Skorpion und Wassermann sind. Beide sind für Aktivitäten auch unter Einbeziehung anderer Menschen zu haben. Beide Zeichen philosophieren gerne und sind kommunikativ. Vielleicht ist dem Wassermann der Schütze eine Spur zu dominant und er fühlt sich dadurch in seiner Freiheit bereits beschnitten. Geistig können sowohl der Wassermann als auch der Schütze voneinander profitieren.

Mit dem **Steinbock** hat der Wassermann zwar vieles gemeinsam, aber der Steinbock ist ihm dann doch zu besitzergreifend, zu trocken, zu zäh, zu beharrlich und vor allem auch zu unzugänglich. Beide Zeichen können aber, wenn es um übergeordnete Dinge geht, hervorragend zusammenarbeiten. Das Prinzip des Steinbocks ist es, sich auf das Wesentliche zu beschränken. Der Wassermann schöpft gern aus der Vielzahl der Möglichkeiten. Was der eine als mögliche Verschwendung ansieht (Steinbock), ist für den anderen unnötige Enge und Sparsamkeit (Wassermann). Zusammen mit den Fischen bilden Steinbock und Wassermann die überpersönlichen Zeichen

Fische und Wassermann folgen im Tierkreis aufeinander. Sie sind die beiden letzten Zeichen. Aufgrund der damit verbundenen zunehmenden Vergeistigung kommen sie miteinander klar, obwohl sie in ihrer Auslegung doch recht unterschiedlich sind. Fische sind als Wasserzeichen sehr emotional und irrational. Wassermänner sind als Luftzeichen sehr geistig und rational im höheren Sinn. So müssen sich beide Zeichen doch stark aufeinander zu bewegen, wenn sie sich wirklich verstehen wollen.

♓ Fische

Die Fische sind vielleicht das einzige unter den zwölf Tierkreiszeichen, welches grundsätzlich mit jedem anderen eine Beziehung führen kann. Das liegt daran, dass die Fische sehr **anpassungsfähig** sind und dass sie in ihrer eigenen Welt leben. Ihr Leben in ihrer eigenen Welt ist auch der Grund dafür, warum Fische so richtig mit niemanden in Beziehung leben oder sein können. Hier sehen wir eines der Charakteristika der Fische, sie sind **lebende Gegensätze.**

Der Prozess der Vereinigung der Gegensätze, der im Wassermann stattfand, ist in den Fischen beendet. Sie leben nur zum Teil in unserer Welt, so dass ein Teil von ihnen im Jenseits, im Jenseitigen, in einer spirituellen Welt zu Hause ist. Zu diesem Teil hat der Partner eines Fische-Geborenen nicht unbedingt Zugang, so dass hier das Gefühl entstehen kann, dass der Fisch gar nicht ganz in der Beziehung lebt. Dies kann naturgemäß Frustration oder andere negative Gefühle im Partner auslösen. Dieser hätte allerdings die Möglichkeit, durch seinen durch die Fische geprägten Partner genau diese andere Welt einmal kennen zu lernen.

Dies ist wiederum einer der Gründe, warum Fische in Beziehungen oder besser gesagt für ihre Beziehungen Partner anziehen, welche als gestört, verrückt oder drogensüchtig gelten oder sonstwie ein Sozialfall sind. Solche Menschen sind häufig auf der freiwilligen oder unfreiwilligen Suche nach einer anderen Welt irgendwo hängen geblieben. Das sprichwörtliche **Mitgefühl** der Fische-Geborenen spürt solche Menschen auf, vor allem auch, weil der Fisch selbst eine Affinität zu diesen Welten besitzt. Diese stark irrationale Seite können tatsächlich die beiden anderen Wasserzeichen **Krebs** und vor allem der **Skorpion** sehr gut verstehen.

Der Mensch, der mit der Sonne im Jahresverlauf im so genannten Zeichen Fische geboren worden ist, kommt in einer Zeit zur Welt, in der nun der Winter enden soll und der Frühling herbeigesehnt wird. Es ist aber so, dass der Winter nicht mehr wirklich da, aber auch noch nicht richtig verschwunden ist. Ebenso der Frühling, dieser ist noch nicht gekommen, aber er ist auch nicht mehr weit entfernt. Dieses Dilemma und die damit verbundene Aufgabe, den Weg frei zu machen für etwas grundsätzlich Neues, wie es der Frühling symbolisiert, beschreibt den Charakter der Fische recht gut.

So kann auch der Konflikt zwischen Fische und **Widder** beschrieben werden. Der Widder will das Neue und die Fische hängen oft am Alten. Der Widder bestimmt seinen Weg gern selbst, während die Fische die Dinge geschehen lassen. Wie bei allen eher schwierigen Verbindungen können beide voneinander profitieren, wenn sie sich auf die jeweils andere Lebensweise einlassen – wobei dies beim Widder eher unwahrscheinlich ist.

Fische und **Stier** können eine gute Paarung darstellen. Allerdings sind beide häufig sehr passiv, so kann dann schon mal das Feuer fehlen. Ansonsten kann ein Fisch die Sicherheit, Gemütlichkeit und Sinnlichkeit gut genießen, die der Stier in sein Leben bringt. Für den Stier ergibt sich die Schwierigkeit, dass dieser den Fisch nicht wirklich fassen kann. So bleibt im Zusammenleben mit dem Fisch für den Stier immer eine Form der Unsicherheit bestehen.

In ihren Empfindungen liegen die Fische und die **Zwillinge** weit auseinander. Der Zwilling denkt, der Fisch empfindet. Da beide Zeichen recht anpassungsfähig sind, können sie auch miteinander auskommen. Helfen kann ihnen manchmal ein Vermittler, der beide Formen an die Welt heranzugehen kennt. Der Fisch findet es unnötig, alle Dinge zu beschreiben und ihnen Namen zu geben. Das ist aber etwas, was der Zwilling benötigt, um die Dinge unterscheiden zu können. So kann es in Auseinandersetzungen dazu kommen, dass es der Fisch unnötig findet, bestimmte Dinge ausführlich zu besprechen, was aber wesentlich ist für den Zwilling, um die Dinge wirklich richtig einordnen zu können.

Mit dem **Krebs** verbinden die Fische dagegen die gleiche Art und Weise, das Leben zu begreifen. Das kann natürlich ein Zusammensein erleichtern. Allerdings hat der Krebs als kardinales Zeichen einen starken Willen, er will etwas geschehen lassen, während die Fische doch oft recht ziellos sind. Den Krebs kann es auf Dauer schon stören, dass die Fische nicht so recht bereit sind, wirklich Verantwortung zu übernehmen. So kann beim Krebs das Gefühl hochkommen, für alle wichtigen Dinge des alltäglichen Lebens alleine zuständig zu sein.

Fische und **Löwe** sind recht unterschiedlich und können miteinander auch aneinander vorbei leben. Wenn der Löwe – egal ob männlich oder weiblich -in der Beziehung führt, kann es mit dieser Paarung funktionieren. Nur will der Löwe als Person auch gemeint sein, während die Fische oft recht gleichgültig sind. Sie entwickeln eher Mitgefühl als bewundernde Anhaftung. Damit wird sich ein echter Löwe nicht zufrieden geben.

Jungfrau ist das Oppositionszeichen der Fische (siehe dort).

Die Verbindung zur **Waage** kann für den Fisch gut funktionieren. Beide können aber auch extrem aneinander vorbei leben. Die Waage bespricht gern alles mit ihrem Partner, während der Fisch auch in seinen Beziehungen oftmals ein eigenes Leben führt. Für den Fisch ist eine typische Waage vielleicht ein wenig zu kommunikativ, zu kontaktfreudig und zu oberflächlich.

Da funktioniert für den Fisch das Zusammenleben mit dem **Skorpion** unter Umständen sehr viel besser als mit der Waage. Beides sind Wasserzeichen, von Gefühlen bestimmt und abgründig. Eventuell ist der Skorpion dem Fisch zu besessen, zu leidenschaftlich, zu extrem. Auf der anderen Seite ist der Fisch dem Skorpion zu seicht und zu wenig interessiert an seinem Innenleben.

Schütze und Fische können so sein wie Feuer und Wasser. Extrovertiert ist der eine (Schütze), introvertiert der andere (Fische). Alles verschweigen kann der eine (Fische) gut, über alles reden der andere (Schütze) noch besser. Eher träge ist der eine (Fische), immer in Bewegung der andere (Schütze). Beide Zeichen können viel voneinander lernen, wenn sie über ihren Schatten springen und den anderen wirklich sehen lernen.

Steinbock und Fische können sich gut ergänzen und sich gegenseitig viel geben. Der Steinbock will bestimmen und vielleicht ist er dem Fisch zu streng und zu sehr auf Regeln ausgelegt. Zu selten äußert der Steinbock aus der Sicht des Fisches seine Gefühle. Und der Steinbock hat es nicht immer leicht mit der Irrationalität der Fische. Und trotzdem erweist sich die Verbindung von Steinbock und Fische als gute Paarung.

Wassermann und Fische sind die letzten Zeichen im Tierkreis und ihre Ausrichtung ist jeweils eine andere. Diese Verschiedenheit macht eine Beziehung zwischen beiden nicht gerade leicht. Den Wassermann zieht es immer nach draußen, er sprengt jede Form und zu tiefe Gefühle sind ihm eher unheimlich. Der Fisch hält zwar nicht unbedingt fest, er möchte aber seine Gefühle mit seinem Partner teilen. Als weiterer Unterschied zeigt sich, dass die Herangehensweise an das Leben für die Fische und den Wassermann sehr unterschiedlich ist.

Fazit:
Nun haben wir alle 144 Möglichkeiten beschrieben, wie die zwölf Zeichen des Tierkreises zueinander in Beziehung stehen können. Wie bereits gesagt, sollten wir diese Beschreibungen nicht nur auf die Verbindung von einem Menschen zum anderen anwenden, sondern auch als Möglichkeit erkennen, die Wechselwirkungen der Planeten in einem Horoskop zu betrachten.

Im folgenden Kapitel werden wir uns tatsächlich dem Vergleich von zwei Horoskopen zuwenden. Die Technik des direkten Vergleichs zweier Horoskope nennen wir Synastrie.

Synastrie

Wie wir noch zeigen werden, gibt es verschiedene Arten, konkret mit der Astrologie tätig zu werden, wenn es um Beziehungen geht. Am Anfang sollte immer die gründliche Interpretation des oder der einzelnen Horoskope stehen. Wenn es uns hauptsächlich um eine Beziehungsfrage geht, können wir das oder die Horoskope mit dem Schwerpunkt auf dieses Thema hin interpretieren. Erst danach kommt der **Vergleich der Horoskope**, **Synastrie** genannt. Auf diese Methode gehen wir genauer ein.

Es gibt außerdem zwei verbreitete Methoden, aus zwei Horoskopen eines zu machen:

Das **Composit** nimmt den kürzeren Mittelwert der Entfernung zweier gleicher Faktoren aus den beiden Horoskopen und bestimmt daraus den neuen Faktor. Beispielsweise wird der kürzere Mittelwert der Positionen des Mondes in beiden Horoskopen berechnet. Dieser ist dann die Position des Mondes im Composit. Das wird in der Folge mit allen für das Horoskop relevanten Symbolen gemacht. Das ist im Prinzip nichts anderes, als die Halbsummen zu bestimmen. Also das Composit nimmt die Halbsummen der Planeten, der Aszendenten und so weiter und macht daraus ein neues Horoskop, das Composit.

Das **Combin** nimmt den Mittelwert oder Schnittpunkt der beiden Geburtszeiten und berechnet auf diesen Zeitpunkt ein neues Horoskop, das Combin. Zu beiden Methoden werden wir im Laufe des Buches noch ausführlicher Stellung beziehen.

Kehren wir zurück zum **Horoskopvergleich**. Viele Dinge sind hier wichtig. Besonders ausführlich werden wir eingehen auf die **vier Möglichkeiten Sonne und Mond** zwischen Mann und Frau **zu vergleichen**. Direkt im Anschluss schauen wir auf die **Aszendenten** und die **Verträglichkeit der beiden Häuserkreise**. Auch die **gegenseitige Häuserbetonung** und eine Analyse der beteiligten Herrscher sind wichtig. Im Bereich der **Kommunikation** kann die **Analyse der Merkure** weiterhelfen. In **Liebesangelegenheiten** und immer, wenn Sexualität eine Rolle spielt, kommen die Beziehungsplaneten **Mars und Venus** zum Tragen.

Natürlich werfen wir auch einen Blick auf Jupiter und Saturn, die Mondknoten und die Verbindung von persönlichen Planeten mit transpersonalen Planeten. Aber beginnen wollen wir mit dem wechselseitigen Verhältnis von Sonne und Mond.

Das wechselseitige Verhältnis von Sonne und Mond

Wie wir wissen, sind es in der Astrologie die großen Lichter „Sonne und Mond", die von überragender Bedeutung sind. Für uns Menschen beherrscht die Sonne den Tag und der Mond die Nacht. Sonne und Mond stehen auch für die grundlegende Polarität von männlich und weiblich.
Der **Mond** steht für die Nacht, das Weibliche, auch für Gefühle, Sehnsüchte, Stimmungen, Wahrnehmungen und den Zugang zum Unbewussten. Die **Sonne** wiederum steht für den Tag, das Männliche, auch für Taten, Handlungen, Umsetzungen, den Körper und was damit zusammenhängt.

Anmerkung:
Jeder von uns empfindet sich entweder mehr als Frau oder mehr als Mann. Unser Körper weist meistens klare weibliche oder männliche Attribute auf. Die Empfindung zum eigenen Geschlecht und die körperlichen Merkmale müssen nicht übereinstimmen, sind aber in unserer Gesellschaft die Norm. Dabei hat doch jede Frau auch etwas Männliches und jeder Mann dementsprechend etwas Weibliches. Wir sind in Wirklichkeit **multidimensionale Wesen** und haben Anteile von beiden Geschlechtern.

Die einseitige Fixierung des Menschen auf sein körperliches Geschlecht und die Herabsetzung der Frauen in den letzten Jahrhunderten ist ein Verbrechen gegen unsere eigene Natur. Die Nichtwertschätzung und Ablehnung, bis hin zur Vernichtung des Natürlichen in uns, zeigte sich in vielen Jahrhunderten in der Ablehnung der Frauen als Symbol des Weiblichen. Denn schließlich sind es nur die Frauen, die das Leben gebären können.

In eine thematisch ähnliche Richtung zielt der folgende Punkt: Wir Menschen haben es mit der Entwicklung der Technik und der gleichzeitigen Überbevölkerung inzwischen erreicht, dass wir die Natur selbst, also auch die Erde als unsere Lebensgrundlage, angreifen und verletzen. Wir dürfen nicht vergessen, dass das Weibliche, die Natur und die Erde in einer Verbindung zueinander stehen. So gesehen kann es uns nur durch eine **innere Integration der Gegensätze** von männlich und weiblich gelingen, den Wahnsinn der Zerstörung unseres Planeten aufzuhalten.

In vielerlei Hinsicht steht der Mensch zwischen Himmel und Hölle, zwischen dem Engel und dem Tier. Der Mensch ist das Bindeglied zwischen der animalischen und der spirituellen Welt. Von daher ist er dazu bestimmt, Brücken zu bauen, Gegensätze zu überwinden, Frieden zu stiften und Heilung zu bewirken. Und ganz genau das sind unser aller Möglichkeiten und Aufgaben. Wir müssen nur anfangen, die Prozesse unseres Lebens (wie z.B. unsere Beziehungen) auch als innere Abläufe zu verstehen.

Somit sollte es etwas klarer sein, dass **Sonne und Mond** für das archetypisch Männliche und Weibliche stehen und so liegt es auf der Hand, dass das Verhältnis von Sonne und Mond in unserem Horoskop Auskunft darüber gibt, wie weit es mit unserer **Integrationsfähigkeit** bestellt ist. Ebenso deutlich sollte es uns geworden sein, dass die jeweiligen Verhältnisse von Sonne und Mond im Vergleich zweier Horoskope von besonderer Aussagekraft sind. Wenn wir bedenken, dass für eine Kombination von Sonne und Mond in jeweils zwölf Tierkreiszeichen insgesamt bereits 144 Möglichkeiten bestehen, so haben wir es im Vergleich zweier Horoskope schon mit 144 x 144 Möglichkeiten zu tun. Dies ergibt eine Anzahl von 1726 potentiellen Kombinationen.

Anmerkung:
Auch dieses Beispiel zeigt die Komplexität der Astrologie und es ist ein weiterer Grund dafür, warum die mathematische Methode der Statistik nicht geeignet ist, die Astrologie zu erfassen. Denn die gerade erwähnten 1726 Möglichkeiten, das jeweilige Verhältnis von Sonne und Mond in zwei Horoskopen miteinander zu vergleichen, lässt sich kaum in Kategorien einordnen. Und damit sind ja beileibe noch nicht alle Faktoren erfasst, die in einen grundlegenden Horoskopvergleich gehören.

Um es anschaulicher zu machen, konstruieren wir uns hier ein **Beispiel**: Die Frau hat die Sonne im Stier und den Mond im Widder und der Mann hat die Sonne in der Jungfrau und den Mond im Schützen. Im Vergleich: Sonne/Stier zu Mond/Widder **Frau** zu Sonne/Jungfrau zu Mond/Schütze **Mann.**

Oder ein anderes Beispiel: die Frau hat die Sonne im Widder und den Mond in den Fischen, der Mann hat die Sonne im Steinbock und auch den Mond in den Fischen.
Im Vergleich: Sonne/Widder zu Mond/Fische **Frau** zu Sonne/Steinbock zu Mond/Fische **Mann.**

So könnten wir weitermachen, bis wir alle Kombinationen behandelt haben. Dies würde eine endlose Arbeit bedeuten, wichtig ist dagegen etwas ganz anderes: wir werden uns zunehmend darum bemühen, den jeweiligen Menschen in seinem **Sein** zu verstehen, immer in Bezug auf die Informationen gesehen, die wir haben und den Fähigkeiten, die uns in unserer Entwicklung zur Verfügung stehen. Die Kenntnis von Sonne und Mond in den Zeichen gibt uns einen guten Hintergrund, um wesentliche Informationen über den Menschen erhalten zu können.

Wir werden jetzt versuchen, ein wenig **Ordnung** und Struktur aufzuzeigen.

Tabelle: Vergleich der möglichen Positionen von Sonne und Mond im Horoskop von Mann und Frau

Sonne Mann	**Mond Frau**
Mond Mann	**Sonne Frau**
Sonne Mann	**Sonne Frau**
Mond Mann	**Mond Frau**

Vier grundlegende Vergleiche von Sonne und Mond

1. **Sonne Mann zu Mond Frau**
2. **Mond Mann zu Sonne Frau**
3. **Sonne Mann zu Mond Frau**
4. **Mond Mann zu Mond Frau**

1. Sonne Mann zu Mond Frau

Dies ist der klassische Vergleich der Horoskope von Mann und Frau. Selbst der große Psychologe Carl Gustav Jung hat zum Ende seines Lebens Untersuchungen über die astrologischen Stellungen von Sonne/Mann und Mond/Frau in den Horoskopen von Ehepaaren angestellt.

Schauen wir zuerst auf den klassischen und z.T. inzwischen überholten Fall des Vergleichs der Sonne des Mannes zum Mond der Frau. Hier ist es der Mann, der handelt, und der durch seine Position in der Gesellschaft und durch seine Werte die Beziehung bestimmt. Die Frau ist die ihm folgende Kraft, sie gebärt seine Kinder und zieht diese auf, kümmert sich um Pflege der Wohnung, die Zubereitung des Essens und sie ist da für die alltäglichen Nöte.

Bei **dem alten Bild der Frau** sehen wir ganz klar klassische Bezüge für den Mond. Dies ist natürlich ein antiquiertes und zum Teil überwundenes Bild von der Beziehung zwischen Mann und Frau. Und doch ist es eine wichtige Komponente auch in heutigen Beziehungen. Ein Mann wird sich stark mit der Position seiner Sonne identifizieren. Hier will er Zustimmung und Unterstützung. Mit einer harmonischen Stellung des Mondes der Frau zu der Stellung der Sonne des Mannes ist eine grundlegende Seite der Beziehung stabil.

Viele **Männer** wissen auch heute wenig anzufangen mit Gefühlen, Bedürfnissen und bewussten Nöten, oder sie bemerken davon erst dann etwas, wenn es ihnen ihr Körper klar und unmissverständlich durch Unwohlsein und Krankheit mitteilt. Sie sind vom klaren Erkennen der Bedürfnisse und Gefühle ihres eigenen Mondes doch recht weit entfernt. Für sie kann der Zugang zu den Gefühlen leichter sein über ihre Partnerin bzw. ihre Frau. Die **Frauen** haben damit die Aufgabe, dem Mann bei dessen Entwicklung mit seinen Gefühlen, Bedürfnissen und Nöten zu helfen. Viele Frauen sind heutzutage nicht mehr willens, diese Aufgabe zu leisten. Sie sind vollauf damit beschäftigt, Beruf/Karriere sowie Kinder/Familie unter einen Hut zu bekommen.

Mit den beiden wichtigen Bereichen Beruf (10. Haus) und Familie (4. Haus) ist klar eine Polarität im Horoskop angesprochen. Die Achse dieser beiden Häuser wird auch als **Entwicklungsachse** bezeichnet. Der natürliche Herrscher des vierten Hauses ist im Übrigen der Mond.

Mit diesem Vergleich wird der Mann im Mann und die Frau in der Frau angesprochen. Schon das Verhältnis der Elemente von Sonne/Mann und Mond/Frau kann uns Aufschluss geben über das grundsätzliche und vielleicht archaische Funktionieren der Beziehung. Wenn wir uns keine weiteren Konstellationen der Horoskope ansehen können oder wollen, dann sollten wir nicht auf diesen vielleicht wichtigsten Punkt in der Synastrie verzichten.

2. Mond Mann zu Sonne Frau

In gewisser Weise ist diese Konstellation das Negativ der ersten, in der wir die Sonne des Mannes mit dem Mond der Frau verglichen haben. Hier tref-

fen wir auf die möglicherweise jeweils weniger entwickelten Funktionen von Mann (Mond) und Frau (Sonne).
Natürlich hat auch der Mann Gefühle und Bedürfnisse und auch die Frau kann selbstständig handeln. Das ist etwas, was uns inzwischen selbstverständlich erscheint, es aber in vielen Teilen der Welt immer noch nicht ist. Wie wir im Vorwort ausführlich erklärt haben, ist es die heterosexuelle Beziehung, also jene zwischen Mann und Frau, die uns hier hauptsächlich beschäftigt. Nichtsdestotrotz wäre es gerade an dieser Stelle sehr interessant, homosexuelle Verbindungen auf die jeweilige Beziehung zwischen Sonne und Mond hin zu untersuchen.

Der **Mond des Mannes** hat damit zu tun, welche Art von grundsätzlich weiblicher Energie der Mann in seinem Leben benötigt. Vielleicht passt diese Energie gar nicht so gut zu ihm, vielleicht gibt es schwierige Aspekte zwischen Sonne und Mond in seinem eigenen Horoskop, aber er benötigt die nährende Energie (für seinen Mond) trotzdem. Meist ist die Mondfunktion geprägt durch **die erste weibliche Bezugsperson im Leben des Mannes.** Dies wird in den meisten Fällen seine Mutter sein, es kann aber auch eine Pflegemutter, ein Kindermädchen oder die Großmutter sein. Diese Menschen müssen nun keine guten Menschen gewesen sein. Oder sie waren schon gute Menschen, aber nicht als ideale Bezugsperson für unseren Mann geeignet. Die ideale weibliche Bezugsperson als „Prägemuster" für den Mond des Mannes sollte genau diesen auch ansprechen. Natürlich sind weitere Möglichkeiten denkbar, wie eine Frau einen Mann ansprechen kann; sie kann z.B. auch die Venus als den zweiten weiblichen Faktor im Horoskop des Mannes aktivieren.

Es gibt – wie wir wissen – jeweils **zwei grundlegend männliche und weibliche Faktoren im Horoskop.** Mond und Venus sind die weiblichen, Sonne und Mars die männlichen. Haben wir beispielsweise einen Konflikt zwischen den weiblichen Planeten, also zwischen Mond und Venus, dann tragen wir auch genau dieses Problem in unsere Beziehungen. Wenn die von uns erwählte Frau beispielsweise unseren Mond anspricht, dann aktiviert sie damit auch den möglichen Mond/Venus-Konflikt in unserem Horoskop. Es gehört sehr viel Achtsamkeit und Bewusstheit dazu, diesen Konflikt in sich zu erkennen und zu lösen. Es ist so viel einfacher und gewohnter, ihn (den Konflikt) in der **Projektion** auf unsere Partnerin zu leben.

Die **Sonne im Horoskop der Frau** ist ohne Kenntnis der Person sehr schwer zu deuten, weil es sehr stark davon abhängt, welchen Bewusstseinsstand die Frau hat. Ich gestehe es gern: da ich selbst ein Mann bin, ist es schwierig, ein wenig vermessen und möglicherweise fehlerhaft, über Frauen und ihre Strukturen zu schreiben. Nichtsdestotrotz habe ich für viele Frauen in den Jahren Horoskopdeutungen erstellt und viele dieser Frauen haben mir von ihren erlebten Erfahrungen berichtet. Von daher wage ich mich an eine grobe Unterteilung. Meiner Meinung nach kann man in dieser Fragestellung die Frauen astrologisch in zwei Lager unterteilen: jene, die individualistisch ihre Sonne selbst und aktiv nach Außen und im Inneren leben und jene, die das nicht tun.

In der Vergangenheit – und das gehört in ein grundlegendes Verständnis von Beziehungen – waren es die Männer, die dafür gesorgt haben, dass die Frauen unterdrückt wurden. Nebenbei gesagt haben die Männer natürlich ihre weibliche Hälfte unterdrückt, auch um sie unter Kontrolle zu halten. So war es den Frauen geschichtlich gesehen nicht oder nur vereinzelt und unter großen Gefahren möglich, ihre Sonne zu leben. Ihre Individualität zu leben, als eigenständiges, sein Schicksal selbst entscheidendes Lebewesen zu existieren, also **ihre Sonne zu leben**, das haben die Frauen vor allem in den westlichen Ländern gelernt, aber Signale dafür gibt es überall auf der Welt.

Inzwischen beobachte ich, dass das Blatt sich längst gewendet hat. Viele Frauen leben sehr aktiv ihre Sonne, manche von ihnen hat sich innerlich von ihm gelöst oder sich gar von ihm getrennt. Was inzwischen häufig fehlt, sind die dazu passenden Männer. Also jene, die ihre Gefühle und ihre Bedürfnisse Ernst nehmen. Wenn ein solcher Mann und eine solch entwickelte Frau zusammenkommen, dann ist **die Verbindung von Mond/Mann und Sonne/Frau** sogar sehr wichtig. Anders gesagt: eine starke Betonung dieser Konstellation in den Horoskopen kann dies sogar anzeigen. Es fiel mir auf, dass ich bei Beziehungsvergleichen solcher Menschen beispielsweise eine Verbindung wie diese fand: Sonne der Frau in der Jungfrau und Mond des Mannes in der Jungfrau oder Ähnliches.

3. Sonne Mann zu Sonne Frau

In der von uns gewählten Reihenfolge ist **Sonne/Mann zu Sonne/Frau** die dritte Konstellation, die wir besprechen wollen. Ansonsten ist es genau diese Konstellation, die in Büchern über populäre Astrologie herangezogen wird, wenn es darum geht zu beschreiben, welche Zeichen gut zueinander passen und welche nicht. Hier wird unserer Meinung wieder ein Fehler begangen, denn der Vergleich der Positionen der Sonnen in zwei Horoskopen sagt viel darüber aus, wie die Taten und Handlungen zweier Menschen zusammenpassen. Dieser Vergleich sagt aber relativ wenig darüber aus, inwieweit zwei Menschen überhaupt zusammenpassen. Andererseits ist die Sonne der absolut bestimmende Faktor in unserem Lebenssystem und auch unsere zukünftige Entwicklungsform. Von daher kann es durchaus Sinn machen, die Positionen der Sonnen miteinander zu vergleichen (s.o.). Grundsätzliche Übereinstimmung oder eben auch Nicht-Kompatibilität kann hier deutlich werden.

Ein harmonisches Verhältnis der beiden Sonnen zeigt eine Übereinstimmung im Verhalten. Wenn beispielsweise beide Partner ihre Sonne in einem Luftzeichen haben, dann reagieren sie mit Denken, Analysieren und mit Kommunikation. Diese ähnliche Herangehensweise an die Realität macht ein Auskommen miteinander natürlich leichter.
In unserer modernen Gesellschaft leben immer mehr Frauen ihre Individualität, also ihre Sonne. Manche von ihnen leben ohne Mann, ziehen ihre Kinder alleine auf und sorgen für ihren eigenen Lebensunterhalt. So kann es dazu kommen, dass Mann und Frau zu Konkurrenten werden. Diese Situation der Konkurrenz kann im Berufsleben dazu führen, dass sich Mann und Frau um die gleiche Position bewerben. Auch in der Familie kann es zu Konflikten kommen, wer welche Position ausfüllt. Auch von daher kann ein Vergleich der Positionen der Sonnen in den Horoskopen aufzeigen, ob solche Konkurrenzsituationen entstehen und wie diese zu entschärfen wären.

Der Vergleich der Positionen der Sonnen im Horoskop gibt uns Aufschluss darüber, wie zwei Menschen als echte **Individuen** miteinander auskommen. Damit muss es allerdings so sein, dass beide Menschen ihre Individuation wirklich gelebt haben, ansonsten erleben wir mit dieser Stellung viele Projektionen auf den Partner. Auseinandersetzungen betreffen dann eher konkrete Dinge und gehen nicht so tief, wie wenn z.B. die Position des Mondes (Gefühle) betroffen wäre.

4. Mond Mann zu Mond Frau

In den ersten beiden Abschnitten haben wir besprochen, wie die Sonne und der Mond wechselseitig in einer Beziehung zwischen Mann und Frau zusammenpassen. Dieser archetypische Vergleich der großen Lichter ist typisch und aussagekräftig. Die beiden letzten Abschnitte zeigen den

Vergleich der Sonnen und der Monde miteinander. Sie haben mehr mit der **Verträglichkeit in der Beziehung** zu tun. Diese ist zwar nicht ausschlaggebend für die Anziehung, ihr ist nicht unbedingt etwas Romantisches zu eigen, aber für das Funktionieren einer bestehendes Beziehung ist sie unumgänglich. Wenn die Monde zweier Partner nicht gut verträglich sind, bekommen wir unter Umständen große Probleme in der Beziehung.

Der Mond ist wie ein kleines **Kind**. Manche Astrologen behaupten sogar, dass der Mond das Kind in uns symbolisiert. Es ist ja nicht immer unser erwachsenes Ich, welches unserem Partner begegnet, sondern häufig auch unser vielleicht unzufriedenes oder angespanntes inneres Kind. Es ist nun gerade das Charakteristikum des inneren Kindes, sich nicht wie ein Erwachsener zu verhalten. Wir wollen gern gerecht sein, ausgeglichen und voller Vertrauen, doch oft gibt es in uns Teile, die sind ungerecht, unausgeglichen und eifersüchtig. Mit diesen Teilen von uns hat es auch unser Partner zu tun. Und wir dürfen nicht vergessen, dass auch unser Partner ein inneres Kind hat. So kommt es dazu, dass sich erwachsenes Ich und kindliches Ich begegnen oder aber auch die inneren Kinder einander. So kann der Vergleich der **Mond-Stellungen** in den Horoskopen Auskunft darüber geben, inwieweit unsere inneren Kinder miteinander harmonieren oder auch nicht.

Von daher halten wir es für sinnvoll, hier die zwölf Mondtypen eingehender zu beschreiben.

Die zwölf Mondtypen

Wenn wir uns eingehender mit dem Mond beschäftigen, dann können wir auch hier zwölf Grundtypen unterscheiden. Dafür bieten sich natürlich die Tierkreiszeichen an, jedoch gilt es zu bedenken, dass es den reinen Typen nicht gibt, sondern es sind immer Mischformen, die wir erleben, auch beim Mond. Für den erfahrenen Astrologen muss es darum gehen, die Anteile der individuellen Mischung zu erkennen, um zu klaren Aussagen zu kommen.

Ein Mond in der Jungfrau beispielsweise in Konjunktion zu Uranus bekommt eine starke Note des Zeichens Wassermann hinzu, da Uranus der Herrscher und damit Botschafter des Wassermanns ist.
Wenn sich diese Konjunktion von Mond und Uranus nun im zehnten Haus befindet, dann kommt noch eine Portion Steinbock hinzu – das zehnte Haus steht (wie auch der Planet Saturn) in Analogie zum Steinbock. Wenn wir hier die Kombinationslehre anwenden können wir sagen, dieser Mond hat Einflüsse von Jungfrau, Wassermann und Steinbock (Jungfrau/ Wassermann/ Steinbock/Mond).
Trotzdem wiegt unserer Meinung nach der Einfluss des Zeichens am stärksten, in dem sich der Mond tatsächlich befindet. So sollten wir uns in unserem Beispiel zuerst dem Zeichen Jungfrau zuwenden.

Hier kommen sie nun, die zwölf Beschreibungen der Mondtypen:

Mond im Widder

Weil es uns in diesen Beschreibungen vor allem um die Auswirkungen der Mond-Stellung in Beziehungen geht sowie um das innere Kind, welches der Mond symbolisiert, so wollen wir diese Bereiche auch vorrangig betrachten.

Der **Mond im Widder** macht trotzig, aggressiv und kämpferisch; unser inneres Kind wird für seine Rechte kämpfen. Schnell fühlt sich Mond/Widder in die Ecke gedrängt und hat das Empfinden, er stehe allein gegen alle und müsse sich verteidigen. So kann es zu aggressiven Tendenzen in der Beziehung kommen, die der Mond/Widder aber auch gegen sich selbst entwickeln kann.
Es gilt für ihn zu erkennen, dass der Partner nicht sein Feind oder sein Gegner ist, sondern ihm seine eigenen Schattenanteile spiegelt. Im Zuge dieser

Entwicklung sollte Mond/Widder sich um das Nachgeben bemühen und lernen, Vertrauen zu entwickeln.

Mond im Stier

Der **Mond im Stier** ist sehr viel ruhiger als der Mond im Widder und ihm sind sinnliche Genüsse sehr wichtig. Das zeigt sich auch beim Essen und beim Naschen. Der Körperkontakt geht ihm über alles.
Unser inneres Kind mit Mond im Stier will sich sicher und geborgen fühlen. Somit wünscht sich Mond/Stier, dass der Partner immer da ist oder zumindest präsent ist. Und wie ein Kind, das nicht bekommt, was es sich wünscht, kann auch Mond/Stier reagieren, wenn der Partner mal nicht anwesend ist oder wenn ihn eigene Interessen beschäftigen. Für den Partner geht es also auch darum, sich rechtzeitig abzugrenzen.
Mond/Stier muss lernen, seine Sicherheit und sein Wohlbefinden auch aus sich selbst heraus zu entwickeln, um so die übergroße Abhängigkeit vom Partner zu überwinden.
Bei beiderseitiger Freude an der Körperlichkeit kann allerdings wenig schief gehen.

Mond in den Zwillingen

Der **Mond in den Zwillingen** ist sehr beweglich und unkonzentriert. Unser inneres Kind mit dieser Stellung will Kontakte, Kommunikation und Abwechslung. Unser Bedürfnis geht dahin, dass unser Partner dafür sorgen soll, dass all dies in unserem Leben ausreichend vorhanden ist. Wenn wir uns also einmal langweilen sollten, ist unser Partner dafür verantwortlich und auch er muss sich etwas ausdenken, so dass neue Ablenkungen vorhanden sind.
Mond/Zwillinge muss lernen, sich mit sich selbst zu beschäftigen und nicht den Partner als Zeitvertreib anzusehen. Wichtig ist es, Interesse für bestimmte Dinge zu entwickeln und diesen dann auch nachzugehen.
Wenn beide Partner gerne kommunizieren, etwas unternehmen und gern andere Menschen mit einbeziehen, dann geht alles gut.

Mond im Krebs

Mit dem **Mond im Krebs** können unsere Bedürfnisse übermächtig sein. Unser inneres Kind will ständige Zuwendung vom Partner, möchte diesen in seine Welt mitnehmen. Damit kann dem Partner – abhängig von dessen Veranlagung – die Luft zum Atmen genommen werden. Der Mond im Krebs will sich kümmern, den anderen umsorgen, diesen pflegen. Dafür muss allerdings die Bereitschaft beim Partner vorhanden sein.
Wenn Mond/Krebs es lernt, auch einmal den Blick von den eigenen Bedürfnissen auf die des Partners zu richten und diese zu akzeptieren, dann kann mit ihm eine sehr innige Beziehung möglich werden.

Mond im Löwen

Mit dem **Mond im Löwen** sind wir sehr selbstbezogen. Unser inneres Kind will Aufmerksamkeit, Liebe und Lob und das am liebsten ständig. Wenn der Partner also auch einmal an sich selbst denkt, seinen eigenen Egoismus lebt, kann das für uns schon kränkend sein und wir denken dann schnell, dass er uns nicht mehr liebt.
Wenn wir erkennen, dass Geben tatsächlich seliger, also schöner und erfüllender sein kann als Nehmen, dann können wir die Größe, Güte, Großzügigkeit und Kreativität des Mondes im Löwen optimal umsetzen und unsere Beziehung wird davon profitieren.

Mond in der Jungfrau

Mit dem **Mond in der Jungfrau** meinen wir Sicherheit ziehen zu können aus einer Berechenbarkeit unseres Partners. Wenn dieser sich außerhalb unserer Ordnung bewegt, macht uns das unsicher.
Mond/Jungfrau passt sich an, kann sich dabei aber auch vergessen. Wenn er sich mehr auf seine Stärken besinnt, wird die Person mit dem Mond in der Jungfrau zu einem unentbehrlichen Partner. Und dieser kann sich dann ja sicher fühlen.
Mit dem Mond in der Jungfrau haben wir ein besonderes Verhältnis zur Natur und allem Natürlichen. Dies können wir nutzen, um unser intuitives Wissen um Heilung und Nahrung optimal zu ergänzen.

Wenn wir uns und unsere Gefühle soweit zeigen könnten, dass unser Partner unsere Qualitäten erkennen kann, sind wir auf dem besten Weg zu einer funktionierenden Partnerschaft.

Mond in der Waage

Mit dem Mond in der Waage haben wir ein ständiges Bedürfnis nach Kontakt und Austausch. Es hängt auch hier stark davon ab, wie unser Partner veranlagt ist. Hat er ähnliche Bedürfnisse, dann ist alles wunderbar, wenn aber nicht, haben wir ein wirklich großes Problem, denn die Stellung „Mond in der Waage" ist sehr sensibel, was Rückmeldungen aus der Außenwelt anbelangt. Eventuell kann hier der natürliche Wunsch nach Rückzug als Liebesentzug verstanden werden. Das daraufhin erfolgte starke Drängen auf Bestätigung der Liebe ruft stärkeren Rückzug hervor. Dieser wird wiederum als Liebesentzug gewertet usw..

Unser inneres Kind mit Mond in der Waage braucht die Harmonie. Dieses Verhalten tritt schon in der Kindheit auf, wenn das Kind mit Mond/Waage Streitereien und Disharmonien im Familienverband oder einfach zwischen den Eltern zu schlichten versucht. So kommt es dazu, dass das eigene Empfinden gar nicht erfahren und gelebt wird, weil es immer „fremde" Empfindungen gibt, die wichtiger erscheinen. Dieses Verhalten wird im erwachsenen Alter dann auch gern in die Beziehung übernommen und die Bedürfnisse des Partners werden den eigenen vorgezogen.
Möglich ist es auch, dass der Mensch mit Mond/Waage meint, nun wäre er aber auch einmal an der Reihe und überfordert seinen vielleicht durchaus wohlwollenden Partner.
Positiv gesehen ist der Mond in der Waage äußerst verständnisvoll und im besten Sinne des Wortes beziehungsfähig. Als Partner bekommen wir jemanden, der Frieden, Harmonie und Schönheit zu schätzen weiß.

Mond im Skorpion

Die wahren Bedürfnisse sind dem Menschen mit dem **Mond im Skorpion** eventuell unbewusst, da mit dieser Stellung erst Bewusstheit erlangt werden muss. Die Bedürfnisse gehen dahin, Intensität zu erfahren. Da der Mond im Skorpion aber auch starkes Misstrauen mit sich bringt, ist es für den Menschen mit dieser Stellung gar nicht leicht, diese Intensität auch zu leben.

Unser inneres Kind mit Mond im Skorpion im Horoskop will Leidenschaft, Verschmelzung und die ganz großen Gefühle.
Wenn der Partner ähnlich gestrickt ist und seine Gefühle auch am liebsten mit einem Menschen möglichst tief teilen will, dann können wir uns glücklich schätzen. Aber auch dann hängt viel davon ab, wie weit wir selbst in der Lage sind, unsere Gefühle und auch unsere sinnlichen und sexuellen Bedürfnisse und Wünsche vor uns zuzugeben und zu leben.
Positiv gesehen ist Mond/Skorpion in der Lage, einer Partnerschaft Intensität, Sexualität und Exklusivität zu geben.

Mond im Schützen

Die Bedürfnisse des Mondes im Schützen gehen dahin, dass er Erkenntnisse sammeln und seinen Gesichtskreis erweitern will. Jegliche Form der Einschränkung seiner Bewegungsfreiheit empfindet Mond/Schütze als Angriff auf sein Innerstes. Dabei kann die Bewegungsfreiheit körperlich oder geistig sein. Mond/Schütze ist immer in Bewegung und er hat ein natürliches Bedürfnis, seine Erkenntnisse an andere weiter zu geben. Von daher liegt ihm Geheimniskrämerei nicht.
Unser inneres Kind mit Mond im Schützen im Horoskop braucht den Austausch mit anderen, will die gemeinsame Suche, die gemeinsame Vision.
Als Partner tun wir gut daran, Toleranz zu üben und unseren Mond/Schütze-Partner machen zu lassen. Mit Unverständnis und Einschränkungen werden wir ihn nur vertreiben, aber sicherlich nicht erreichen, was wir wirklich wollen. Wenn wir es sogar vermögen, in manchen Bereichen die Begeisterung des Mond/Schützen zu teilen und manche seiner Bewegungen (Reisen) mitzugehen, dann haben wir eine lebendige und aufregende Beziehung vor uns.

Mond im Steinbock

Der Mond im Steinbock hat das Bedürfnis nach Kontrolle und nach Macht. Unser inneres Kind – symbolisiert durch den Mond im Steinbock in unserem Horoskop – will bestimmen und wird sehr trotzig und uneinsichtig, wenn es nicht seinen Willen bekommt. Das sollte man als Partner von Mond/Steinbock wissen. Es kann immer wieder zu Machtproben und Kämpfen kommen.

Außerdem leidet Mond/Steinbock unter seinen Gefühlen. Manchmal kann er sehr distanziert und in sich verschlossen sein. Für den Partner bleibt dann oft nur Kälte und Zurückweisung. Niemandem tut dieses Verhalten mehr weh, als dem Mondeigner selbst.
Auf der anderen Seite bekommen wir mit Mond/Steinbock einen Partner, der sehr zuverlässig ist, der pünktlich ist und zu uns steht, in guten, aber eben auch in schlechten Zeiten und das ist nicht zu verachten.

Mond im Wassermann

Der Mond im Wassermann hat das starke Bedürfnis nach Freiheit, seine persönliche individuelle Freiheit geht ihm über alles. Unser inneres Kind – symbolisiert durch den Mond im Wassermann – will sich befreien, will die Form sprengen. Als Symbolbild können wir den Vogel nehmen, der die Eihülle sprengen muss, um geboren werden zu können. Modern ausgedrückt ist es das Mutieren aus der Form.
Das macht den Menschen mit dem Mond im Wassermann in seinem Horoskop nicht unbedingt bindungsfreudig. Ganz im Gegenteil, diese Stellung gilt als unwillig, eine Bindung einzugehen.
Als Partner haben wir die schwierige Aufgabe, dem Mondeigner seinen Freiraum und seine Individualität zu lassen, dann können wir von seiner unorthodoxen, kreativen und witzigen Art profitieren.

Mond in den Fischen

Den Mond in den Fischen bewegen im Grunde zwei Motivationen. Da ist zum einen die irdische Motivation, hier möchte Mond/Fische romantische Gefühle, sich wohlfühlen, ganz im Austausch aufgehen. Hier kommt auch das innere Kind – symbolisiert durch den Mond in den Fischen im Horoskop – zum Tragen. Das innere Kind will angenehme Gefühle und das am liebsten immer. Da ist der Partner von Mond/Fische wirklich gefragt, denn wer kann schon immer positive Gefühle vermitteln?
Das zweite Bedürfnis von Mond/Fische hat mehr mit der Erlösung zu tun. Hier hat die Seele erkannt, dass das irdische Leben keine dauerhafte Befriedigung bieten kann und so sucht sie nach Erlösung, Befreiung, Transzendenz. Hier kann der Partner durch eigenes Interesse helfen.

Zu wünschen wäre, dass Mond/Fische auch in seiner Beziehung Spiritualität leben kann. Dann kann eine Partnerschaft wirklich sehr befriedigend erfahren werden.

Fazit:
Wir sind weiterhin beim Thema Synastrie. Nachdem wir die verschiedenen Positionen von Sonne und Mond sowie die Stellung des Mondes in den zwölf Tierkreiszeichen untersucht haben, wenden wir uns nun den Häusern zu.

Der Häuserkreis

In der Astrologie nehmen wir die tatsächlich beobachteten Bewegungen am Himmel und schaffen daraus Muster, die wir interpretieren. Wir errichten aus den Himmelsräumen eine **Projektionsfläche.** Diese so geschaffene Projektionsfläche (z. B. der Tierkreis) wird dann gedeutet.

Nehmen wir das Beispiel einer Projektionsfläche und schauen uns diese genauer an:

Die Erde dreht sich einmal pro Tag um sich selber. Diese Bewegung beschreiben wir in der Astrologie mit dem **Häuserkreis**. Die zwölf Häuser bilden einen Kreis um uns herum und stehen symbolisch für die uns umgebende Welt.
Das **erste** Haus sind wir selbst, im **zweiten** Haus zeigt sich das, was wir besitzen, im **dritten** Haus unsere direkte Umgebung, im **vierten** Haus unser Zuhause, im **fünften** Haus alles das, was wir aus uns hervorbringen. Im **sechsten** Haus zeigt sich unsere Anpassung an die Umgebung. Im **siebten** Haus zeigen sich unsere Begegnungen, im **achten** Haus unsere Ängste, im **neunten** Haus unser Lebenssinn, im **zehnten** Haus unsere Berufung. Im **elften** Haus erkennen wir die Möglichkeit, uns zu befreien und im **zwölften** Haus das Potenzial der Auflösung unseres Egos.

Anmerkung:
Übrigens begegnet uns die **Lehre von der Einheit** immer wieder. Selbst im Häuserkreis, welcher ja die uns umgebende Wirklichkeit abbilden soll, zeigt sich die Möglichkeit zur Befreiung und der Auflösung des Egos, die aus der Getrenntheit in die Einheit führt.

Der Häuserkreis ist demnach unsere persönliche Projektion der Wirklichkeit, so wie wir sie erleben. Auch der Tierkreis ist eine Projektion. Um diese genauer verstehen zu können ist es von großer Wichtigkeit zu unterscheiden, welchen Tierkreis wir heranziehen (s.o.).

Der Tierkreis ergibt sich aus der zweiten großen Bewegung der Erde. Die Erde bewegt sich um sich selbst und sie bewegt sich um die Sonne. Die zweite Bewegung wird von der Erde aus als Bewegung der Sonne um die Erde wahrgenommen. Wir nennen diese Projektion der Sonnenbahn Ekliptik. Zwölf Tierkreiszeichen bilden den Hintergrund der Ekliptik. Vor dem Tierkreis als Projektionsfläche bewegen sich die Planeten.

Wie wir bereits angesprochen haben, gibt es unterschiedliche Möglichkeiten, den Beginn des Tierkreises festzulegen. Der tropische Tierkreis beginnt bei 0 Grad Widder und bezieht sich auf das Verhältnis von Sonne und Erde. Der siderische Tierkreis weist aus dem Planetensystem hinaus in die Sphäre der Fixsterne. Bevor wir uns in diese Ebene hineinentwickeln können, müssen wir über unsere Erdgebundenheit hinauswachsen.
Wie wir in *„Astrologie und Spiritualität"* gezeigt haben, geht es für uns als Individuen darum, zuerst den Häuserkreis, dann die Planeten und zum Schluss die Tierkreiszeichen zu transformieren. Der siderische Tierkreis gibt uns einen Eindruck von dem, was dann noch kommt (die Sphäre der Fixsterne).

Machen wir uns nichts vor: Für die meisten von uns geht es darum, das Leben auf der Erde und astrologisch gesehen **den Häuserkreis zu meistern**. Das, was danach kommt, kann uns als Vision, als Beflügelung, als mentaler Antrieb dienen, um in unseren Anstrengungen fortzufahren. So lassen sich immer wieder **12 Bereiche** definieren, die uns in ihrer Zusammensetzung wie eine Karte helfen sollen, unsere persönlichen Aufgaben und Herausforderungen klarer zu sehen.

Nachdem wir uns mit den Eigenschaften und Eigenarten der zwölf Zeichen beschäftigt haben, möchten wir nun gern etwas tiefer gehen und damit spezieller werden. Es war wichtig zu zeigen, wie sich die Menschen mit ihrem Sonnen-Zeichen identifizieren und das die Kenntnis desselben uns bereits Möglichkeiten bietet, bestimmte Verhaltensweisen in der Beziehung zu untersuchen. Je mehr Faktoren wir zur Deutung oder zur Untersuchung heranziehen, umso genauere Ergebnisse können wir erwarten, aber umso komplexer wird auch die Deutung.

Wir haben gesehen, dass neben dem Sonnen-Zeichen auch das Mond-Zeichen von großer Bedeutung für unsere Beziehungen ist. Der Mond beschreibt unsere Gefühle und Bedürfnisse. Diese sind für uns in unseren Beziehungen sehr wichtig. Spannungen, die der einzelne Mensch zwischen Sonne und Mond in seinem Horoskop aufweist, wird er auch in seine Beziehung hineintragen.

Auch die anderen Planeten müssen beachtet werden und wir werden diese auch noch gesondert untersuchen. **Merkur** beispielsweise steht auch in der Beziehung für Kommunikation und Austausch. **Venus** und **Mars** sind das weibliche und männliche Pendant für unsere Anteile in unseren Beziehungen und sollten auch sehr sorgfältig untersucht werden. Venus symbolisiert die weibliche Seite und Mars dementsprechend die männliche. Aus dem Verhältnis von Venus und Mars im eigenen Horoskop und im Vergleich zum Horoskop des Partners können wir eine Menge über die Beziehung erfahren.

In der **Synastrie** kommt es darauf an herauszufinden, inwieweit die beiden Horoskope zueinander passen. Wir müssen zuerst beide Horoskope für sich analysieren.

Im Bereich der Häuser ist es vor allem **das siebte Haus**, welches uns Aufschluss darüber gibt, welche Art von Beziehung für uns vorgesehen ist. Der Beginn des siebten Hauses ist der so genannte **Deszendent**. Ihm gegenüber liegt der Aszendent als Spitze des ersten Hauses. Der Aszendent ist der Teil unserer individuellen Anlage, welchen wir mit unserem Leben ausfüllen müssen. Das dem Aszendenten gegenüberliegende siebte Hause kann den unbewussten Bereich unserer Anlage symbolisieren. Unsere Partnerschaften werden durch dieses siebte Haus beschrieben und sind unter anderem dafür da, uns unsere unbewussten Berciche (unsere „Schatten") bewusst zu machen. So gesehen ist bewusst gelebte Beziehung auch immer Therapie.

Für eine persönliche Beziehung ist es also sehr wichtig, dass der potenzielle Partner unser siebtes Haus anspricht, dass er für uns unser siebtes Haus symbolisiert.

Beispiele:
Für einen Waage/Aszendenten mit einem siebten Haus im Widder muss der mögliche Partner Eigenschaften im Widder haben.
Ein Fisch/Aszendent braucht einen Partner mit Jungfrau Eigenschaften, ein Steinbock/Aszendent einen mit Krebs-Betonung.
Für einen Mann mit Steinbock/Aszendent kann es durchaus ausreichend sein, wenn die Frau den Mond im Krebs hat. Sie wird auch dann als Krebsartig wahrgenommen, wenn sie den Mond im ersten Haus oder andere Planeten im Krebs hat.

Dieses **Bedürfnis des siebten Hauses** ist in vielen Fällen unbewusst. Von daher kann der Horoskopeigner unter Umständen gar nicht mit den Eigenschaften des Partners – die seinem siebten Haus entsprechen – umgehen. Damit wird es uns nun klarer, dass im siebten Haus die mögliche Ergänzung für uns liegt. Wir sprechen ja vom Partner auch manchmal als von „unserer zweiten" oder „unserer besseren Hälfte".

Ob wir den Partner als denjenigen erleben, der unser Unbewusstes (7. Haus) anspricht, ob wir ihn als Gegner oder als Ergänzung erleben, hängt immer davon ab, welches unsere grundsätzliche Ausrichtung im Leben ist. Wenn wir lernen wollen, wenn wir uns selbst erkennen wollen, wenn wir uns auf den spirituellen Weg begeben, dann werden wir unsere Partnerschaften und Beziehungen sehr schnell als einen direkten Weg zum Wachstum begreifen.

Es gilt für uns zu erkennen, was uns fehlt, wo wir Ergänzung benötigen. Nur wenn wir alle zwölf grundlegenden Energien (welche durch die Zeichen des Tierkreises symbolisiert werden) gleichermaßen beherrschen, wenn es also keine größeren Lücken und Schatten mehr gibt, dann erst können wir den Tierkreis transformieren und die Enge des Anhaftens an eine selbstständige Persönlichkeit überwinden. So gesehen ist das Prinzip Waage **(im Häuserkreis die siebte Stufe)**, ist also das siebte Haus eine äußerst wichtige Stufe im Prozess der Transzendierung persönlicher Schattenanteile durch Bewusstwerdung in und durch Beziehungen.

Als nächsten Punkt schauen wir uns den Herrscher des siebten Hauses an, um noch genauere Informationen zu diesem so wichtigen Bereich unseres Horoskops zu erhalten.

Herrscher des siebten Hauses

Neben dem siebten Haus ist es auch sehr wichtig, den Herrscher des siebten Hauses mit zu berücksichtigen. Insbesondere das Haus, in welches er fällt zeigt an, wo unser Partner uns ansprechen sollte.

Tabelle: Zeichen und Planetenherrscher

Widder	Mars
Stier	Venus (Ceres)
Zwillinge	Merkur
Krebs	Mond
Löwe	Sonne
Jungfrau	Merkur
Waage	Venus

Skorpion	Mars (Pluto)
Schütze	Jupiter
Steinbock	Saturn
Wassermann	Uranus (Saturn)
Fische	Neptun (Jupiter)

Diese Tabelle zeigt uns, welcher Planet welches Zeichen beherrscht. Im weiteren Verlauf der Analyse ist es wichtig im Horoskop zu schauen, in welchem Haus wiederum der Herrscher des siebten Hauses steht.

Beispiel:
Wenn wir den Aszendenten in der Waage haben, dann liegt das siebte Haus im Widder. Der den Widder beherrschende Planet ist der Mars. Wenn sich Mars nun im Steinbock im vierten Haus befindet, dann haben wir demnach Herrscher von sieben in vier.

Hier führen wir kurz auf, wie sich die zwölf möglichen Fälle auswirken, denn der Herrscher des siebten Hauses kann in jedem der zwölf Häuser des Horoskops stehen, auch im siebten Haus selber.

Herrscher von 7 in 1:
Wir selbst wollen gemeint sein, unsere Persönlichkeit, unser Ego soll der Partner ansprechen. Unser Partner soll sich auf uns beziehen. Eine sehr persönliche Beziehung ist erwünscht.

Herrscher von 7 in 2:
Der Partner muss uns Sicherheit vermitteln, wenn er mit uns eine Beziehung führen will. Auf welcher Ebene (materiell, emotional oder spirituell) wir diese Sicherheit wünschen, lässt sich am Stand unserer Entwicklung ablesen.

Herrscher von 7 in 3:
Der Partner sollte mit uns kommunizieren wollen. Gemeinsame Aktivitäten wie z. B. kleine Reisen oder Besuche bei der Familie sind erwünscht. Gerne besprechen wir alles mit unserem Partner.

Herrscher von 7 in 4:
Der Partner soll bei der Familiengründung helfen. Das Zuhause ist wichtig und erwartet wird der Austausch von Gefühlen. Wir wollen ein Heim, ein

Zuhause, eine Familie mit unserem Partner zusammen gründen. Ein gleichartiges Wertesystem ist erwünscht.

Herrscher von 7 in 5:
Der Partner soll eine aktive Rolle mit den Kindern spielen. Auch die Aktivierung der kreativen Fähigkeiten wünschen wir uns vom Partner. Wir wollen Spaß, Vergnügen und Heiterkeit mit unserem Partner gemeinsam erleben.

Herrscher von 7 in 6:
Der Partner soll sich anpassen oder uns helfen, dass wir uns anpassen. Ähnliche Auffassungen in Ernährung, Gesundheit und Lebensführung wären sehr wünschenswert für uns.

Herrscher von 7 in 7:
Hier ist echte, wirkliche Partnerschaft gewünscht. Der Partner soll auf uns eingehen und diplomatisch und zurückhaltend sein.

Herrscher von 7 in 8:
Wir wünschen uns Tiefe in unserer Partnerschaft und die Vermittlung von Werten ist uns ebenfalls wichtig. Auf welche Werte wir Wert legen, ergibt sich aufgrund unserer Entwicklung.

Herrscher von 7 in 9:
Weltanschauliche, philosophische und religiöse Fragen möchten wir mit unserem Partner besprechen können. Wir wollen unseren Horizont in der Beziehung erweitern, wollen gemeinsame weite Reisen mit unserem Partner erleben und die Beziehung soll uns helfen, unseren Lebenssinn zu definieren.

Herrscher von 7 in 10:
Unser Partner soll in der Gesellschaft etwas darstellen. Erfolg im Beruf ist für uns ein Kriterium für die Partnerwahl. Häufig lernen wir unseren späteren Partner auch über den Beruf kennen. Vielleicht arbeiten beide auch in der gleichen Firma oder beispielsweise im gleichen Krankenhaus.

Herrscher von 7 in 11:
Unser Partner soll uns größtmöglichen Freiraum gewähren und er soll sich möglichst mit uns auf dem gesellschaftlichen Parkett bewegen. Beiderseitiges Engagement in Partei, Verein oder Gruppe ist erwünscht.

Herrscher von 7 in 12:
Unser Partner kann eine Art von Rätsel für uns sein oder bleiben. Wir wünschen uns gemeinsame Aktivität mit unserem Partner in unserem Zugang zur Religiosität oder zur Spiritualität. Ein gemeinsamer Weg zur Erlösung ist erwünscht.

Nachdem wir kurz auf die Beziehungen der Herrscher des siebten Hauses eingegangen sind, wollen wir im nächsten Kapitel den gemeinsamen Häuserkreis in der Beziehung konstruieren.

Der gemeinsame Häuserkreis in der Beziehung

Neben dem Vergleich der Horoskope (Synastrie) können auch gemeinsame Horoskope (Combin, Composit) entwickelt und interpretiert werden. An dieser Stelle wollen wir den Häuserkreis als archetypisches Muster nehmen, um die **Gemeinsamkeiten in einer bestehenden Beziehung** zu untersuchen.

Der Häuserkreis beginnt mit dem **Aszendenten**. Dieser ist Anfang, Rolle und äußere Beschreibung der Angelegenheit, also auch der Beziehung. In einer Beziehung ist der Aszendent Ausdruck der gemeinsamen Identität. Wie geben wir uns nach Außen? Welchen (ersten) Eindruck macht unsere Beziehung auf andere? Was ist unsere Anlage? Wo geht es lang für uns?

Wie erfahre ich den gemeinsamen Aszendenten?

Um den gemeinsamen Aszendenten zu erfahren, sind verschiedene Möglichkeiten denkbar. Wir können ein bestehendes gemeinsames Horoskop (Composit, Combin) nehmen, mit dem wir gute Erfahrungen gemacht haben.

⇨ **Der Aszendent des Combin oder des Composit wäre dann der gemeinsame Aszendent.**

Eine zweite Möglichkeit besteht darin, dass wir den Zeitpunkt unseres Kennenlernens nehmen und darauf das Horoskop rechnen. Denkbar sind auch wichtige Momente der Anfangszeit, der Zeitpunkt der Verlobung etc.

⇨ **Aus dem Zeitpunkt einer wichtigen Begebenheit der Anfangszeit ergibt sich der gemeinsame Aszendent.**

Die dritte Möglichkeit zur Bestimmung des gemeinsamen Aszendenten ist, dass wir uns den Aszendenten selbst auswählen. Aufgrund der Beschreibungen finden wir das Zeichen, welches am besten auf unsere bestehende Beziehung passt und diesen Aszendenten benutzen wir dann als gemeinsames Symbol.

⇨ **Inhaltlich bestimmen wir das Zeichen zum gemeinsamen Aszendenten, welches am besten zu uns passt.**

Der gemeinsame Aszendent in den Zeichen

Ein gemeinsamer Aszendent im Widder heißt, die Partner müssen lernen sich durchzusetzen, vielleicht auch gegen Widrigkeiten von außen.

Ein gemeinsamer Aszendent im Stier heißt, die Partner müssen lernen sich abzusichern, vielleicht ein solides Fundament für die Beziehung errichten. Eventuell ist der soziale Hintergrund und das Vermögen sehr unterschiedlich und die Partner müssen lernen, eine gemeinsame materielle Basis zu errichten.

Ein gemeinsamer Aszendent in den Zwillingen heißt, dass es wichtig ist, eine gemeinsame Kommunikation zu entwickeln. Vielleicht sprechen die Partner unterschiedliche Sprachen oder kommen aus einer unterschiedlichen Kultur (auch Aszendent Schütze).

Ein gemeinsamer Aszendent im Krebs heißt, dass es wichtig ist, ein gemeinsames Heim zu schaffen, ein Zuhause. Es geht darum eine Familie zu gründen, die dann die Grundlage ist, damit sich emotionale Sicherheit entwickeln kann.

Ein gemeinsamer Aszendent im Löwen heißt, dass die Beziehung auch nach Außen etwas darstellen soll. Vielleicht müssen die Partner gemeinsam repräsentieren. Auch sollten die Bereiche Sport, Spaß und Spiel nicht zu kurz kommen. Und auch an gemeinsame Kinder kann hier gedacht werden.

Ein gemeinsamer Aszendent in der Jungfrau hat damit zu tun, den Alltag gemeinsam zu organisieren, um das Zusammenleben zu regeln und das Überleben zu vereinfachen. Eine gemeinsame Beschäftigung mit Gesundheit und Ernährung ist hier sehr sinnvoll.

Ein gemeinsamer Aszendent in der Waage deutet darauf hin, dass die Partner einander wirklich begegnen. Auch kann es sein, dass andere Menschen mit in die Beziehung integriert werden müssen. Eine gemeinsame Beschäftigung mit Kunst und Musik ist hier anzuraten.

Ein gemeinsamer Aszendent im Skorpion bedeutet, dass die Beziehung Tiefgang hat und dass mit der Partnerschaft auch tiefgreifende innere Veränderungen angesagt sind. Vielleicht müssen die Partner große innere oder äußere Schwierigkeiten überwinden, um die Beziehung eingehen zu können.

Eine gemeinsame Beschäftigung mit Psychologie wäre sicherlich sehr sinnvoll.

Ein gemeinsamer Aszendent im Schützen legt es nahe, eine gemeinsame Weltanschauung zu entwickeln. Vielleicht müssen die Partner gemeinsam reisen oder sich zusammen bilden, um diesem Ziel näher zu kommen. Wichtig ist das Entwickeln einer gemeinsamen Vision und die Beschäftigung mit Religion und Philosophie.

Ein gemeinsamer Aszendent im Steinbock deutet an, dass es in der Beziehung um mehr geht, als um die beiden daran beteiligten Menschen. Vielleicht müssen hier die Partner mit regieren oder repräsentieren. Zu denken wäre dabei an Partner von Staatsoberhäuptern, Königen oder Popstars. Wichtig ist es hier, eine gemeinsame Zielsetzung auch auf längere Sicht hin zu entwickeln.

Ein gemeinsamer Aszendent im Wassermann hat damit zu tun, die Beziehung unkonventionell zu gestalten. Wichtig ist es, dass beide Partner möglichst großen Freiraum behalten und dass es immer möglich bleibt, auch andere Menschen mit einzubeziehen. Mit dem gemeinsamen Aszendenten im Wassermann hat die Beziehung eventuell einen Wert über sich selbst hinaus und weist auf die Zukunft hin. Wir denken hier an Beziehungen gleichgeschlechtlicher Partner oder Partner aus einander fremden Kulturen und Religionen. Wichtig ist es, gemeinsame auch ungewöhnliche Hobbys zu pflegen.

Ein gemeinsamer Aszendent in den Fischen legt es nahe, dass die Beziehung auch einen sozialen Zweck verfolgt. Vielleicht hilft die Partnerschaft dem Menschen der Erlösung näher zu kommen oder folgt einem spirituellen Ziel. Wichtig ist es hier, gemeinsam über die Beziehung hinaus zu gelangen und zusammen Kultur zu erleben.

Die weiteren Häuser im gemeinsamen Häuserkreis

Wenn wir den gemeinsamen Aszendenten gefunden haben, können wir uns den anderen Häusern und ihren Bedeutungen zuwenden.
Bei einem bestehenden Horoskop (Combin, Composit, „Kennenlernen-Horoskop“...) besteht der Häuserkreis bereits.

Wenn wir den Aszendenten selbst wählen, sollten wir die äqualen Häuser benutzen. Diese werden in der indischen Astrologie herangezogen und zeichnen sich durch große Einfachheit aus. Vom Aszendenten her gerechnet wird alle 30 Grad ein neues Haus begonnen. Beispiel: Aszendent ist 12 Grad Zwillinge. Dann folgt daraus: 2. Haus 12 Grad Krebs, 3. Haus 12 Grad Löwe, 4. Haus 12 Grad Jungfrau usw..

Die inhaltliche Bedeutung der weiteren gemeinsamen Häuser

Wir haben nun den gemeinsamen Aszendenten gefunden und auch die weiteren Häuser bestimmt. Im Folgenden wollen wir uns mit den Inhalten der weiteren gemeinsamen Häuser beschäftigen.

Das gemeinsame zweite Haus

Im zweiten gemeinsamen Haus geht es um Geld. Viele Beziehungen scheitern letztlich daran, dass sie Probleme mit dem Geld oder dem Besitz im Allgemeinen bekommen. Geldangelegenheiten sollten hier möglichst sachlich und rational gehandhabt werden.
So kann es durchaus von Vorteil sein, wenn beide Partner ihr eigenes Geld behalten und ein drittes Konto für die gemeinsamen Ausgaben eröffnet wird. Auch das Aufsetzen eines Ehevertrages ist zu empfehlen. Dies nicht nur, wenn tatsächlich geheiratet wird, sondern auch, wenn die Partner zusammenziehen oder wenn größere gemeinsame Anschaffungen erfolgt sind. Solch ein Vertrag regelt dann, wer wie viel wofür bezahlt hat, wer was in die Gemeinschaft eingebracht hat etc. Der Vorteil eines solchen Vertrages liegt auch darin, dass man sich dann darüber keine Gedanken mehr machen muss. Auch die jeweilige Einstellung zu Geld, Besitz, Sammeln, Aktien, Anlagen etc. sollte geklärt werden. Mit gegenseitiger Toleranz können auch hier beide Partner voneinander profitieren, denn jeder hat sicherlich sehr unterschiedliche Erfahrungen damit gemacht.

Vieles kann leichter werden, wenn wir über unsere Wünsche und Einstellungen sprechen, aber das ist Thema des nächsten Kapitels.

Das gemeinsame dritte Haus

Im dritten gemeinsamen Haus geht es um die Kommunikation und um die direkte Umgebung. Zu den wichtigsten Übungen, die uns der Buddha als Mittel zur vertieften Erkenntnis hinterlassen hat, gehört ganz bestimmt **die Rechte Rede**. Wir können sehr viel Unglück und Leid erzeugen durch boshafte oder unredliche Kommunikation. Psychologen schätzen, dass 90 Prozent aller Probleme in Beziehungen auf mangelhafte Kommunikation zurück zu führen sind. All dies legt es für uns nahe, uns mit diesem Bereich intensiv auseinander zu setzen.

Wenn wir Probleme und Missverständnisse mit unserem Partner erleben, sollten wir das offene Gespräch suchen. Und wir sollten durchaus bereit sein auch Hilfe anzunehmen, wenn wir merken, dass wir alleine nicht weiter kommen. Warum nicht jemanden zum offenen Gespräch mit unserem Partner hinzu bitten, der geschult ist und uns helfen kann, einander besser zu verstehen. Eine harmonische und besser funktionierende Partnerschaft kann der Lohn dafür sein.
Auch sollten wir uns bemühen, all das, was uns stört oder missfällt, offen und direkt zu kommunizieren, bevor es sich in uns aufbauscht.

Das dritte Haus hat traditionellerweise auch mit Menschen zu tun, die zu unserer direkten Umgebung gehören. Dieses sind unsere **Nachbarn** und unsere **Geschwister**. Mit beiden Gruppen kann es zu Missverständnissen und Schwierigkeiten kommen, auch in unserer Beziehung. Wir können uns unsere Freunde aussuchen und wir können uns von manchen Freunden oder Bekannten sogar verabschieden, wenn diese und unsere Beziehung nicht zusammenpassen, aber wir können uns nicht unsere Geschwister aussuchen und auch nicht unsere Nachbarn, es sei denn, wir sind bereit umzuziehen. Unser gemeinsames drittes Haus kann also darüber Auskunft geben, inwieweit es Probleme geben kann in den oben beschriebenen Bereichen.

Das gemeinsame vierte Haus

Im gemeinsamen vierten Haus geht es um das Zuhause, um das Heim der Partnerschaft. Wie in allen Bereichen lassen sich auch hier unterschiedliche Arten für ein gemeinsames Zuhause finden. Manche Menschen leben mit

einem Partner nahezu immer sofort zusammen, andere behalten trotz inniger Beziehung lieber den eigenen Wohnbereich. Auch die Art und Weise, wie **ein gemeinsamer Wohnbereich** gestaltet und wie dort gelebt wird, kann ausschlaggebend sein für den Fortbestand einer Beziehung.
Wir können das dritte Haus für das vierte Haus nutzen, (d.h., dass wir die gelernte Kommunikation des gemeinsamen dritten Hauses nutzen, um das gemeinsame vierte Haus zu entwickeln) und darüber sprechen, was wir uns vorstellen und wir können versuchen, für beide Partner akzeptable Lösungen zu finden.

Das vierte Haus ist die Grundlage für das folgende fünfte Haus, in dem es unter anderen um Kinder geht. Die Familie und das Heim sind die Grundlage, sie sind – wenn wir so wollen – das Nest für die Kinder. Ist diese Grundlage beschädigt oder gar nicht vorhanden, dann wird sich das sicherlich störend auswirken auf den Nachwuchs.
Manche Menschen finden einander und bringen Kinder aus früheren Beziehungen mit. Dadurch verändern sich die Grundlagen für eine Beziehung/Familie.
All diese Überlegungen gelten eigentlich schon für das fünfte Haus, gehen hier aber mit ein in die grundsätzlichen Überlegungen zum vierten Haus.

Aus dem gemeinsamen vierten Haus ergeben sich wichtige Fragen für die Beziehung: Gemeinsam wohnen oder jeder für sich? In der Stadt oder außerhalb wohnen? Wer braucht mehr Platz, wer weniger? Manche Menschen arbeiten Zuhause – wie wird das geregelt? Menschen haben unterschiedliche Raumtemperaturen, bei denen sie sich wohlfühlen. Wenn diese nun bei zwei Menschen, die sich gern haben und zusammenleben sehr unterschiedlich sind, was dann? Der eine Mensch braucht frische Luft und Zirkulation, der andere hält seine Fenster gern geschlossen, da er eine Allergie hat. Sollen sich diese Menschen nun anpassen? Oder sollen sie dann nicht im gleichen Raum übernachten?
Mit der Beantwortung dieser Fragen sollten wir uns intensiv befassen. Viele grundlegenden Konflikte können wir vermeiden, wenn wir uns frühzeitig damit beschäftigen.

In der Symbolik des vierten Hauses ist in unserem Horoskop unsere Herkunftsfamilie zu finden. Allgemein werden Mutter oder Vater oder Mutter und Vater dem vierten Haus zugeordnet.
Im gemeinsamen vierten Haus stecken die Familien beider Partner, damit kann das gemeinsame vierte Haus Aufschluss geben über die Verträglich-

keit der Familien der Partner. Wie häufig können wir beobachten, dass die Familien der Partner nicht zusammenpassen, dass es gegenseitigen Neid oder Rivalität gibt. Auch diese Überlegungen haben mit dem Funktionieren einer Partnerschaft zu tun und sollten beachtet werden.

Das gemeinsame fünfte Haus

Im fünften Haus geht es um Kinder. Genauso wie das gemeinsame vierte Haus unser Zuhause, unser Heim als Paar beschreibt, so ist das gemeinsame fünfte Haus **das Haus unserer Kinder**. Aus der Sicht der Arterhaltung gesehen ist es sogar der höhere Sinn der Verbindung von Mann und Frau Kinder zu bekommen und diese aufzuziehen.
Natürlich gibt es weitaus mehr Möglichkeiten, Sinn und Zweck von Beziehungen zu definieren. In den zahlenmäßig höheren Häusern wird es auch um den spirituellen Sinn unserer Beziehungen gehen.

Das fünfte Haus darf auch nicht nur auf die Kinder beschränkt werden. Denn das fünfte Haus hat u.a. auch mit den Tätigkeiten zu tun, die Kinder überhaupt erst möglich machen. Der Spaß oder die kindliche Freude an der Sexualität gehört mit zum fünften Haus. Im Grunde ist jede kreative Tätigkeit dem fünften Hauses zuzuordnen.
Aber das **Kardinalthema** des fünften Hauses sind nun mal die Kinder. Aus dem kreativen Zusammenkommen von Mann und Frau entsteht in der Frau und späteren Mutter das Kind. Sport, Spiel und Spaß bestimmen nach der Geburt den Umgang mit dem Kind. All die Mühen, die Arbeit, der Umgang mit Körperausscheidungen aller Art, das Kochen, das Putzen, das Einkaufen, das Versorgen, das Pflegen, das Heil- und Gesundmachen der Kinder usw., all das hat dann **mehr mit dem sechsten Haus** zu tun.

Eine der grundsätzlich zu klärenden Fragen besonders am Anfang einer Beziehung, aber möglicherweise auch während der Beziehung ist: „Wollen wir Kinder?“ Oder vielleicht sind die Kinder bereits zu Beginn der Partnerschaft da, weil einer der Partner oder möglicherweise sogar beide diese mit in die Partnerschaft einbringen. Damit gehören diese dann auch dazu. Dann haben wir es streng genommen nicht mehr mit einer Zweierbeziehung zu tun, sondern mit einer Gruppe, einer Familie. Diese erfordert andere astrologische Deutungsansätze als eine Zweierbeziehung.

Heutzutage gibt es immer mehr **gleichgeschlechtliche Beziehungen**. Und in immer mehr dieser Beziehungen entsteht auch der Wunsch, Kinder aufzie-

hen zu wollen. Trotzdem wird es immer eine spezifische Rollenverteilung geben. Einer ist der Mann, der Vater, die Sonne, der Mars etc. und einer ist die Frau, die Mutter, der Mond, die Venus etc..
Mit einem Beispiel wollen wir es deutlich machen: wenn wir Schmerzen haben oder wenn wir seelisch am Boden sind, dann laufen die meisten von uns zur Mutter. Es ist essentiell im Leben, dass eine Mutter vorhanden ist, die sich auch um uns kümmert und die für uns da ist.
Damit wir uns nicht missverstehen: wie die Rolle der Mutter ausgefüllt wird, ist individuelle Auslegungssache. Wir glauben, dass es hier kein wirkliches Richtig oder Falsch gibt. Es gibt nur mehr oder weniger stark verblendete Menschen, die aus ihren Mustern heraus bestimmte Grundlagen schaffen für die Erziehung der ihnen zugeordneten Kinder. Denn wir sollten nicht vergessen, dass „Kinder nur Gäste sind, die nach dem Weg fragen“ – dieser Ausspruch von Khalil Gibran macht es deutlich.

Wenn wir uns bemühen, gute Menschen zu sein und wenn unsere Absichten lauter sind, dann haben wir uns nichts vorzuwerfen. Und wenn es uns gelingt, tatsächlich ein gemeinsames fünftes Haus mit Leben zu erfüllen, dann können wir wirklich froh sein.

Das gemeinsame sechste Haus

Nachdem wir im vierten Haus ein Heim errichtet und uns im fünften Haus um die gemeinsamen Kinder gekümmert haben, müssen wir im gemeinsamen sechsten Haus die **Bewältigung des Alltags** angehen.
Im Kapitel über das gemeinsame fünfte Haus haben wir bereits angedeutet, dass die Arbeit, die durch unsere Lebensumstände entsteht, ins sechste Haus gehört. Wenn das vierte Haus den Bereich symbolisiert, in dem wir wohnen, dann ist das sechste Haus zuständig für alle damit anfallenden Arbeiten. Wenn das fünfte Haus für Kinder steht, dann steht das sechste Haus für alle Arbeiten, die mit den Kindern anfallen. Damit ist nicht ausgesagt, dass diese Arbeiten schlecht wären oder dass wir wegen ihnen negative Gefühle entwickeln müssten. Das sechste Haus ist ganz nüchtern gesehen eben zuständig für diese Dinge.
Hier haben wir zu klären, wie wir unseren Alltag organisieren, wer welche Aufgaben übernimmt. Dazu gehören Reinigung und Pflege, aber auch Vorräte anlegen und Nahrungszubereitung.

Das Hauptthema des sechsten Hauses ist allerdings die **Gesundheit**. Durch unser Verhalten im Alltag sowie unsere Essgewohnheiten legen wir den

Grundstock für unsere Gesundheit. In unserem gemeinsamen sechsten Haus müssen wir uns darüber klar werden, was wir für unsere Gesundheit tun wollen und wie unsere Strategien aussehen, wenn wir, unser Partner oder unsere Kinder, tatsächlich einmal krank werden sollten. Rufen wir dann gleich den Arzt oder wissen wir noch von Hausrezepten oder Naturheilmitteln, die uns helfen können? In vielen Beziehungen kommt es zu ernsthaften Auseinandersetzungen um diese Fragen.

Häufig sind es die kleinen Dinge des Alltags, die über Krieg und Frieden in der Beziehung entscheiden. Beispielsweise die berühmte Zahnpastatube. Der eine Partner drückt diese ordentlich von hinten nach vorne aus, während der andere sich diese Mühe nicht macht. Dieses Beispiel scheint zwar etwas an den Haaren herbeigezogen, trifft in seiner Überhöhung allerdings tatsächlich die Probleme, die unseren Alltag in der Beziehung belasten. Im gemeinsamen sechsten Haus sollten wir Konzepte entwickeln, wie wir in der Beziehung unseren Alltag ganz konkret organisieren. Meistens ergeben sich aus einer solchen durchdachten Organisation synergetische Effekte, die das Leben in der Beziehung sogar erleichtern können.

Das gemeinsame siebte Haus

Wenn in unserem individuellen Horoskop das siebte Haus unsere Beziehungen und unseren Kontakt nach außen symbolisiert, was bedeutet dann das gemeinsame siebte Haus für die Beziehung?
Es bedeutet im Prinzip das Gleiche, denn auch ein Paar hat Beziehungen, hat **Kontakte zur Außenwelt**. Häufig entstehen große Probleme in der Beziehung, wenn diese Außenkontakte vernachlässigt werden. Gerade am Anfang einer Beziehung herrscht der Glaube vor, dass die Partner sich selbst genug sind und keine anderen Menschen brauchen. Aber dieser Glaube kann sich als Irrglaube erweisen, denn auch die intensivste Beziehung braucht immer wieder Erneuerung, braucht neue Eindrücke, neue Gedanken, um lebendig zu bleiben.
Das gemeinsame siebte Haus kann uns Informationen darüber geben, wie solche Kontakte am besten hergestellt werden können und was es für die Beziehung darüber zu lernen gibt.

Das siebte Haus symbolisiert auch unbewusste Anteile von uns, so genannte Schatten, die durch den Spiegel der Begegnung erhellt werden können. Damit ist Bewusstwerdung möglich. Auch in einer bestehende Beziehung gibt es unbewusste Bereiche, gibt es Schatten, die durch Begegnungen bewusst werden können. Auch eine Beziehung kann wachsen und das gemeinsame siebte Haus kann uns darüber Aufschluss geben, wohin dieses Wachstum zielt.

Das gemeinsame achte Haus

Das gemeinsame achte Haus hat mit Geld, Macht und Sex zu tun. Das achte Haus **symbolisiert den Tod**. Sterben soll hier das Ego, der Teil von uns, der meint, unser Leben bestimmen zu können. Auch in der Beziehung gibt es das Ego. Es gibt die beiden Egos der Partner und es gibt das Ego der Beziehung. Im gemeinsamen achten Haus sollen diese Egos überwunden werden. Aus zwei getrennten Wesen soll etwas Gemeinsames entstehen. Dies geht am besten durch die Verschmelzung im sexuellen Akt. Sowohl die Angst vor dem Verlust der Kontrolle in der Verschmelzung, wie auch die daraus resultierende Verweigerung gehören in das gemeinsame achte Haus und können hier aufgespürt werden.

Im achten Haus geht es außerdem um das Thema, **wer in der Beziehung die Macht hat**. Häufig ist es derjenige, der auch über die materiellen Mittel, also z. B. das Geld verfügt. Wenn das gemeinsame zweite Haus die gemeinsamen Ressourcen zeigt, dann zeigt das gemeinsame achte Haus die Verwendung der gemeinsamen Ressourcen.

Im gemeinsamen achten Haus sollten wir zu einer **Einstellung zum Tod** finden. Es geht dabei auch um Fragen, wie wir uns verhalten würden, wenn der Partner stirbt. Können wir den jeweiligen Glauben über den Tod und was danach kommt zumindest tolerieren? Können wir über den Tod und das Jenseits miteinander sprechen oder tauchen hier Themen auf, die tabu sind? Zusätzlich müssen wir in Hinblick auf das Thema des Todes auch über Fragen zu Erbschaft und Versorgung des zurückbleibenden Partners nachdenken.

Wir haben an der Frage des Todes und beim Thema der Sexualität schon erkannt, dass das achte Haus auch für Ängste steht. Wenn wir wissen wollen, welche Ängste und Zwänge unsere Beziehung aufweist, dann sollten wir das gemeinsame achte Haus daraufhin untersuchen. Und nicht nur die Ängste, auch die wirkungsvollste psychologische Behandlung kann hier ersichtlich sein.

Das gemeinsame achte Haus zeigt uns, wie wir mehr Tiefe in unsere Beziehung bekommen können.

Das gemeinsame neunte Haus

Im gemeinsamen neunten Haus geht es für die Beziehung und die daran beteiligten Menschen darum, **eine gemeinsame Vision** zu entwickeln. Alle möglichen Schwierigkeiten wurden im gemeinsamen achten Haus überwunden. Nun ist der Weg frei, Visionen zu entwickeln.

In diesem neunten Haus geht es um **die großen Lebensthemen**, um den Sinn unserer Existenz. Für uns als Partner wäre es zu wünschen, dass wir uns auch über solche Themen in unserer Beziehung austauschen können. Themen wie Philosophie, Religion, Spiritualität, Lebenssinn usw. können miteinander besprochen werden und im Idealfall können die Partner von den Lebenserfahrungen des anderen profitieren. Schwierig wird es dann, wenn einer sich für diese Themen überhaupt nicht interessiert oder jede z. B. religiös abweichende Meinung als Sakrileg empfindet. Dann kann in der Beziehung sehr schnell Schweigen aufkommen, Oberflächlichkeit herrschen oder schlicht der Sinn fehlen.

Des weiteren gehören zum neunten Haus auch weite Reisen, die aus spirituellen, religiösen oder kulturellen Gründen unternommen werden. Auch hier gilt es für die Partner der Beziehung etwas Gemeinsames zu erschaffen. Am wichtigsten ist es aber, eine gemeinsame Vision zu entwickeln. Wenn die Beziehung eine Vision hat, hält sie leichter Schwierigkeiten aus und erweist sich damit als beständiger.

Das gemeinsame zehnte Haus

Das gemeinsame zehnte Haus symbolisiert **die Bedeutung oder das Ziel der Beziehung**. Der gemeinsame MC zeigt die höhere Zielgebung. Diese Bedeutung geht über die individuellen Anstrengungen hinaus. Hier sind vom Anspruch her die Belange der Einzelwesen überwunden und es geht nun wirklich um die Beziehung.

Im individuellen Horoskop hat das zehnte Haus mit dem Beruf zu tun sowie damit, welche Rolle der Einzelne in der ihn umgebenden Gesellschaft spielt. Das gemeinsame zehnte Haus zeigt, welche Position die Beziehung in der Gesellschaft spielt.

Aber auch die Frage nach dem Beruf wird im gemeinsamen zehnten Haus angesprochen. Sind die Wünsche und Anforderungen, die jeder der Partner in der Beziehung an seinen Beruf stellt, mit der Partnerschaft vereinbar? Oder muss der eine oder der andere Abstriche machen? Muss einer der beiden vielleicht auf seinen Beruf und den Ausbau seiner Karriere zugunsten der Kinder verzichten? Früher war dies meistens die Frau, die auf die Ausübung ihres Berufes verzichtet hat. Heutzutage sind die Rollen schon viel gleichberechtigter verteilt und diese Fragen stellen sich für beide Partner.

Manchmal arbeiten die Partner auch zusammen und unter Umständen hat **die gemeinsame Arbeit** auch direkt mit der Gesellschaft zu tun. Eventuell betreiben beide ein gemeinsames Geschäft oder sind in der Forschung beschäftigt etc. Damit wäre dann die Beziehung tatsächlich von Wert für die Gesellschaft. Doch selbst wenn dem nicht so ist, sollten wir uns bemühen, dass unsere Verbindung einen Wert erhält, der über sie selbst hinausführt.

Das gemeinsame elfte Haus

Das gemeinsame elfte Haus bringt uns in **Kontakt mit unseren Wünschen und unseren Träumen als Paar.** Natürlich ist es von Vorteil, sein Leben an der tatsächlichen Realität auszurichten, sichert diese doch das Überleben. Aber wir dürfen nicht vergessen, dass es darüber hinaus auch Visionen und Vorstellungen gibt, von denen wir träumen dürfen. Auch für eine Beziehung gibt es Wünsche, die sich realisieren lassen.

Eine zweite wichtige Bedeutung des elften Hauses ist es, dass niemand eine Insel ist. Wir alle sind eingebettet in Gruppen und Gemeinschaften um uns herum, auch wenn wir nicht aktiv an ihnen teilnehmen. Dies gilt auch für Paare. Denn auch für eine Beziehung gilt, dass sie ein Umfeld hat. Es sollte einen **Freundeskreis** geben, oder Gruppen, Vereine, Gemeinschaften, mit denen wir im Austausch stehen; auch um immer wieder neue Impulse in die bestehende Beziehung einbringen zu können.

Das elfte Haus hat mit der Verfestigung des Impulses zu tun, sich in die Gesellschaft einzubringen. Ein betontes gemeinsames elftes Haus kann diesen Impuls sehr stark werden lassen, so dass wir als Beziehung vielleicht wirklich ein Geschäft eröffnen, ein Seminarzentrum gründen oder uns anderweitig an der Gesellschaft beteiligen.

Die hauptsächliche Bedeutung des elften Hauses ist die **Befreiung**. So können wir in unserem gemeinsamen elften Haus Anstrengungen unternehmen, uns in unserer Beziehung zu helfen, gemeinsam Befreiung zu erlangen.

Das gemeinsame zwölfte Haus

Nun sind wir bereits beim letzten Haus angelangt. Im gemeinsamen zwölften Haus geht es nicht wie beim elften um Befreiung, sondern um **Erlösung**. Hier begegnen wir unseren unbewussten Bereichen. Dies ist auch der Grund dafür, warum traditionellerweise geheime Feinde dem zwölften Haus zugeordnet werden. Denn die geheimen Feinde sind in uns, es sind unsere unbewussten Muster, welche immer wieder in unser Leben eingreifen und uns zu Handlungsweisen oder Kommentaren verleiten, die Leid verursachen und uns vielleicht gar nicht mehr entsprechen.

Auch für die Beziehung gilt, dass es hier unbewusste, einmal erlernte Muster gibt, die die Beziehung und die daran Beteiligten belasten können. So kann uns das gemeinsame zwölfte Haus helfen, in diesen Punkten bewusster zu werden und den Mustern ihre Kraft und Macht zu entziehen, um auch als Beziehung immer freier zu werden. Dieses können dann tatsächlich konkrete Schritte werden, uns immer mehr zu lösen, um ein bewusstes Leben zu führen. Dieses Leben kann spirituell sein oder religiös oder sozial engagiert, es wird uns aber auf den Weg der Erlösung führen.

Fazit:

Nun haben wir alle zwölf Häuser des gemeinsamen Häuserkreises beschrieben. Wir selbst müssen anhand der einzelnen Horoskope und des gemeinsamen Horoskops erkennen, welche Häuser besonders wichtig sind. Es sollte jedenfalls deutlich geworden sein, wie die gemeinsamen Häuser genutzt werden können, um als Beziehung auf dem spirituellen Weg voran zu kommen

Nachdem wir die Verhältnisse der Sonne besprochen haben, den Mond und die Häuser, gilt es nun, sich dem wichtigen Bereich der **Kommunikation in der Beziehung** ausführlicher zu widmen.

Kommunikation

Wie wir an anderer Stelle bereits erwähnt haben, gehen nach Meinung von Psychologen über 90 Prozent aller Probleme in Beziehungen auf gestörte Kommunikation zurück.

Im Horoskop hat vor allem der Planet **Merkur** mit der Kommunikation zu tun. In der Synastrie, also dem Vergleich zweier Horoskope, kann über die Analyse der jeweiligen Merkur-Funktionen herausgefunden werden, ob hier Schwierigkeiten in der Beziehung zu erwarten sind. Die **Analyse des Merkurs** macht deutlich, wie wichtig das Gespräch und der Austausch für den Menschen sind. Das Zeichen und das Haus, in das der Merkur fällt sowie die Aspekte, die er erhält, geben Auskunft darüber, welche Art der Kommunikation der Horoskopeigner braucht.

Im Vergleich der beiden Horoskope wird dann meistens schnell deutlich, wo die Probleme liegen und was getan werden kann, um diese zu lösen. Sehr häufig wird auf die Kompatibilität der Positionen der Sonne, des Mondes oder des Aszendenten Wert gelegt, aber ebenso wichtig ist es, die Positionen des Merkurs in den Horoskopen zu untersuchen.

Merkur in den Fischen beispielsweise oder Merkur in Kontakt mit Neptun ist nicht besonders auskunftsfreudig. Wenn diese Stellung des Merkurs in Kontakt kommt mit einem Merkur in den Zwillingen oder in der Waage, dann haben wir ein echtes Kommunikationsproblem. Merkur/Zwillinge und Merkur/Waage reden nämlich gerne über alles. Da kann dann die Kommunikation schon recht einseitig werden.

Merkur zu Merkur

Wenn wir uns um Erkenntnisse bemühen, welche die Kommunikation der Partner in einer Beziehung zum Thema haben, sollte unser erster Blick auf den Merkur selbst fallen. Dabei gilt auch hier: Zuerst analysieren wir die Stellung des Merkurs jeweils im individuellen Horoskop.

Eingangs haben wir exemplarisch bereits erwähnt, dass Merkur in Kontakt zu Neptun anders reagiert, denkt und spricht, als Merkur in Kontakt zu Saturn. Das bedeutet, auch wenn der Vergleich der Stellungen des Merkurs in beiden Horoskopen positiv ausfällt, kann es trotzdem zu Problemen in der

Kommunikation kommen, wenn eben beispielsweise Merkur/Neptun auf Merkur/Saturn trifft.

Davon unabhängig gilt es für uns herauszufinden, wie denn die beiden Stellungen des Merkurs miteinander harmonieren. Dafür können wir unsere Kenntnisse des Tierkreises sowie der Aspektlehre verwenden. Sextile und Trigone zwischen den Merkuren sprechen für leichte und unbeschwerte Kommunikation. Quadrate und die Opposition lassen diese schwergängiger und mehr auf Konflikte ausgerichtet sein.

Zur Vereinfachung können wir im Kapitel „Die Verhältnisse im Tierkreis" den Vergleich der Sonnen auf den der Merkure hin umdeuten.
In den folgenden Kapiteln wollen wir uns mit den Verbindungen von Merkur mit Saturn und den transsaturnalen Planeten beschäftigen.

Merkur/Saturn

Mit einer **Verbindung von Merkur und Saturn** im Horoskop neigt man dazu, eher ernsthaft und langfristig zu kommunizieren. Klatsch, Tratsch und oberflächliches Gerede sind unsere Sache nicht. Das Denken ist bei Merkur/Saturn mehr an der Wirklichkeit als an der Fantasie ausgerichtet. Merkur/Saturn steht für eine systematische, kritische und strukturierte Denkweise.

Das Problem dieser Stellung liegt in der depressiven und negativen Neigung, die das Denken annehmen kann. Der typische Pessimist hat Merkur/Saturn. Es besteht die Tendenz, sich an negativen Vorstellungen festzubeißen.

Als Partner eines Menschen mit dieser Konstellation muss man sich auf diese eher tiefgründige und ernsthafte Kommunikation einstellen. Wer allerdings das wahrhaftige oder auf Fakten aufgebaute Gespräch sucht, ist hier gut bedient.

Merkur/Chiron

Merkur in Verbindung zu Chiron kann eine sehr verletzende Verbindung sein, die sich sowohl in der Sprache als auch im Denken auswirken kann.

Meistens rührt das daher, dass derjenige in sich selbst verletzt ist. Der Buddha hat immer wieder die Wichtigkeit der **Rechten Rede** betont. Wir müssen darauf achten ob das, was wir von uns geben, verletzend oder heilsam ist. Dies gilt besonders, wenn wir in unserem Horoskop eine Konstellation Merkur/Chiron vorfinden.

Mit **Merkur/Chiron** können wir unserem Partner helfen, seine verwundeten Seiten zu erkennen, er kann aber auch uns dafür verantwortlich machen, dass er diese ansehen muss. Das ist dann der klassische Fall der Projektion. Wenn unser Partner aber an zunehmender Bewusstheit interessiert ist, dann kann der Kontakt von Merkur zu Chiron ihn wirklich weiterbringen.

Merkur/Uranus

Merkur in Verbindung zu Uranus ist sehr schnell im Denken und auch im Sprechen. Da kommt so mancher nicht mehr mit. Das Denken ist originell, aber sprunghaft. Geniale Ideen wechseln sich ab mit kaum nachzuvollziehenden Gedankensprüngen. Merkur/Uranus ist kein guter Zuhörer, da er unter starker Unruhe und Ungeduld leidet. Der vietnamesische Zen-Meister Thich Nhat Hanh stellt immer wieder die absolute Wichtigkeit des liebevollen Zuhörens in den Vordergrund. Er meint, dass es wichtiger wäre, dem anderen seine ganze Aufmerksamkeit zu widmen, anstatt selbst reden zu müssen.

Als Partner kann es teilweise ermüdend sein, im Alltag den Auswirkungen einer Verbindung von Merkur zu Uranus ausgesetzt zu sein. Aber es kann auch äußerst inspirierend sein, wenn unsere eigenen Gedanken weggelenkt werden von dem ewigen gleichen Trott, in dem sie sich bewegen.

Merkur/Neptun

Die Kommunikation kann schwierig sein bei der Konstellation **Merkur in Verbindung zu Neptun**. Die Natur und der Charakter beider Planeten passen nicht gut zueinander. Merkur bildet die Dinge geistig ab, während Neptun sie eher fühlend erfasst. So kann es zum Problem werden, dass der Partner mit Merkur/Neptun das, was ihn beschäftigt, nicht kommuniziert. Außerdem nimmt es Merkur/Neptun nicht so genau mit der Wahrheit. Für

viele von uns gehört es mit zu den schlimmsten Erfahrungen, wenn wir in unserer Beziehung belogen oder getäuscht werden.
Mit Merkur/Neptun kann eine klare, direkte Kommunikation schwierig werden. Wer sich aber mehr Fantasie und Imagination wünscht, wer gerne träumt und damit die Realität bereichert, derjenige ist gut aufgehoben mit einem Partner, der eine Verbindung von Merkur und Neptun im Horoskop aufweist.

Merkur/Pluto

Merkur in Verbindung zu Pluto zeigt eine Tiefe des Denkens und kann schonungslos sein im Gespräch – diese Konstellation finden wir auch häufig in den Horoskopen von Psychologen oder Psychotherapeuten. Doch nicht jeder wünscht sich einen Psychotherapeuten zum Partner; häufig wollen wir auch ganz einfach oder oberflächlich miteinander reden. Merkur/Pluto beherrscht das nicht so gut. Überall werden verborgene Botschaften oder Motive vermutet und der Partner wird gerne gnadenlos analysiert.

Wer allerdings im Denken und in der Kommunikation in die Tiefe gehen möchte, wer in diesen Bereichen Intensität sucht, ist mit einem Partner sehr gut bedient, der eine Verbindung von Pluto und Merkur im Horoskop hat.

Natürlich gibt es noch weitere Verbindungen von Merkur mit anderen Planeten. Wie sieht es beispielsweise mit Merkur/Jupiter oder Merkur/Mars aus? Wir haben uns hier auf die eher problematischen Konstellationen beschränkt. Diese finden wir eben bei Verbindungen mit Saturn und den transsaturnalen Planeten.

Nachdem wir uns mit dem Planeten der Kommunikation – dem Merkur – beschäftigt haben, wollen wir uns nun den klassischen Beziehungsplaneten Mars und Venus zuwenden.

Mars und Venus

Keine astrologische Untersuchung über Beziehungen und ihre Auswirkungen kann vollständig sein ohne eine ausführliche Betrachtung **der Beziehungsplaneten Mars und Venus**. Wir haben beide Planeten mitsamt ihren Funktionen für die Beziehungen schon in unserem Buch *„Astrologie und Spiritualität"* besprochen. Ohne uns allzu sehr wiederholen zu wollen, möchten wir doch auf diese beiden Faktoren eingehen. Schon aus dem Biologie-Unterricht sind uns die Symbole für **weiblich** ♀ und **männlich** ♂ bekannt. Der Kreis über dem Kreuz steht für das Weibliche, für die Venus, und der Kreis mit dem rechts nach oben gerichteten Pfeil steht für das Männliche, für den Mars.

Wenn wir ein Horoskop auf seine Beziehungsfähigkeit hin untersuchen, dann schauen wir auf Venus und Mars. Wenn wir erfahren wollen, welche Art von Mann (Frau) die Frau (der Mann) anziehend findet, dann analysieren wir die Stellung des Mars im Horoskop der Frau (die Stellung der Venus im Horoskop des Mannes).
Wichtig ist dabei auch, dass **das Suchbild** (Venus beim Mann, Mars bei der Frau) mit der archetypischen Prägung des gegengeschlechtlichen Parts (Mond beim Mann, Sonne bei der Frau) zusammenpasst. Das Suchbild wird auch als **Anima** beim Mann und **Animus** bei der Frau bezeichnet.

Die **Venus im Horoskop des Mannes gibt uns Auskunft über seine Anima**. Seine grundsätzlich gegengeschlechtliche Prägung hat jedoch mit dem Mond zu tun. Passen im Radix des Mannes Venus und Mond nicht zusammen, dann hat er ein Problem, welches ihm wohl erst in seinen Beziehungen bewusst wird.

Dementsprechend ist es bei der Frau. **Ihren Animus erhalten wir astrologisch gut beschrieben durch den Mars im Radix der Frau**. Ihre gegengeschlechtliche Prägung zeigt sich in der Funktion der Sonne im Horoskop. Passen also Mars und Sonne im Horoskop der Frau nicht zusammen, haben vielleicht sogar ein Quadrat oder eine Opposition zueinander, dann wird kein Mann der Welt diese Frau wirklich zufrieden stellen können.

Der letzte Satz zeigt uns, dass wir das, was wir in unserem Inneren nicht integrieren oder harmonisieren können, auch nicht in der Außenwelt bewerkstelligen können. Oder anders ausgedrückt: Unser innerer Konflikt zwischen Venus und Mond wird nicht einfach verschwinden, sobald wir es mit einer Frau in Fleisch und Blut zu tun haben. Ganz im Gegenteil wird dieser Konflikt möglicherweise erst dadurch in die Wirklichkeit gebracht.

Der **Mars im Horoskop des Mannes** (Venus im Horoskop der Frau) sagt etwas darüber aus, wie er sich selbst als Mann (Frau) sieht und wie Mann (Frau) auch als Mann (Frau) gesehen werden möchte. Dieser Mars (Venus) möchte in Verbindung treten mit der **Venus im Horoskop der Frau** (Mars im Horoskop des Mannes). Die Verbindung von Mars/Mann und Venus/Frau hat viel zu tun mit der sexuellen Vereinbarkeit der beiden.

Mars und Venus in den Elementen

Um Mars und Venus besser kennen zu lernen, wollen wir betrachten, welche Eigenschaften in den vier Elementen besonders betont sind.

Mars und Venus in den Feuerzeichen

Wichtig sind hier Freude, Lachen und Vergnügen. Diese Dinge stimulieren die Feuerzeichen. Venus und Mars in den Feuerzeichen lieben geistreich belebendes Verhalten. Wir finden hier Spontaneität und ein zielloses Versprühen von Energie. Die sexuellen Beziehungen sind eher unpersönlich. Mars und Venus in Feuer sind egozentrisch. Vorherrschend ist der direkte Ausdruck von Gefühlen und Sexualität. Feuer-Energie ist nicht ausdauernd und hat wenig Interesse, Dinge zu Ende zu führen.

Mars und Venus in den Erdzeichen

Sexualität, Sinnlichkeit und Körperlichkeit werden als grundlegende Bedürfnisse gesehen. Bei Venus und Mars in den Erdzeichen ist vor allem der Sex mit den Instinkten verbunden, wird im Alltag gelebt, hat aber den Schatten der Verpflichtung. Wir finden bei den Erdzeichen hohe Leistungsfähigkeit, sie sind dabei aber nicht so stark gefühlsmäßig engagiert wie z. B. die Wasserzeichen. Erd-Energie kann sehr wirkungsvoll sein, ist aber oft mechanisch. Die physischen Grundbedürfnisse des Partners werden beachtet. Starke Sinnlichkeit, aber auch starke Kontrolle und auch starke Ernsthaftigkeit sind vorherrschend. Erd-Energie ist nicht spontan, intuitiv haftigkeit sind vorherrschend. Erd-Energie ist nicht spontan, intuitiv oder expressiv.

Mars und Venus in den Luftzeichen

Hier wirken Venus und Mars eher spielerisch, locker und beweglich, aber auch kühl, losgelöst und emotionslos. Mars kann hier u.U. eine weniger starke Sexualität anzeigen. Venus und Mars sind hier eher mental und vergeistigt angelegt. Kommunikation ist sehr wichtig. Liebe und Sex kommen über den Kopf und die Sprache zum Ausdruck. Luft-Energie ist nicht ernsthaft, tiefsinnig oder enthusiastisch.

Mars und Venus in den Wasserzeichen

Hier weiß man oftmals nicht, was man fühlt, bis man es herausfindet. Venus und Mars wirken eher passiv in Wasserzeichen. Man mag es, erobert zu werden. Starke Sensitivität. Sinnliches oder sexuelles Vergnügen entstehen durch sehr unterschwellige Reize. Subtile Kommunikation. Sex ist eng verbunden mit emotionaler Sicherheit. Sexualität wird als Möglichkeit gesehen, tiefer in die Gefühlswelt einzudringen. Einfühlungsvermögen. Man weiß, was der Partner fühlt. Verletzlichkeit. Wasser-Energie ist nicht klar, eindeutig, beweglich oder spontan.

Fazit:
Mit den Beschreibungen von Venus und Mars in den vier Elementen haben wir einen ersten Eindruck erhalten. Diesen wollen wir nun vertiefen, indem wir erst die Venus und dann den Mars in den Zeichen beschreiben.

Venus in den Zeichen

Venus im Widder

Venus im Widder liebt mehr mit dem Kopf, als mit dem Herzen. Sie ist im Widder impulsiv und direkt sowie unabhängig in der Liebe, aber auch mit aggressiven Tendenzen. Sie braucht ihren Freiraum. Selbst erobern ist ihr

wichtig. Venus/Widder ist sprunghaft, ungeduldig, aber initiativ. Hingabe muss von ihr gelernt werden.
Männer mit Venus im Widder suchen Frauen, die sich durchsetzen können. Tatsächlich ist Venus im Widder selbst gerne aktiv. Venus/Widder ist kein Frauchen und kein Heimchen am Herd, sondern sie gibt sich gern herb und entspricht nicht den Venus-typischen Erscheinungsformen.

Venus im Stier
Venus im Stier ist eine sehr sinnliche Stellung, Venus ist hier sehr körperbetont. Die äußere Erscheinung ist ihr sehr wichtig und auch sehr bewusst. Weiterhin wichtig sind ihr Schönheit und Liebe zum Luxus, wobei sie sogar manchmal eine Art von protzigem Geschmack zeigen kann. Mit dieser Stellung weiß man, was andere Menschen brauchen, um sich wohl zu fühlen.
Der Mann mit Venus im Stier sucht mehr nach der archetypischen Erdmutter.
Unverzichtbar ist für Venus/Stier der Haut- und Körperkontakt. Außerdem ist sie praktisch, naturverbunden, sparsam und liebt jede Form der Gartenarbeit.

Venus in den Zwillingen
Venus in den Zwillingen ist sozial, gesprächig, hat ein ausgeprägtes Bedürfnis nach Kommunikation mit anderen und ist geschickt im Umgang mit Worten. Sie kann gut Sprechen, Drucken, Herausgeben, Veröffentlichen und Verkaufen. Venus in den Zwillingen hat ästhetische Geschicklichkeit, ist nicht unbedingt häuslich, aber diplomatisch und taktvoll. Venus/Zwillinge ist aber auch unbeständig und zeigt extrem schnell wechselnde Gefühle. Sie kann unter Umständen mehrere Beziehungen gleichzeitig haben, die alle jedoch etwas oberflächlich sind.
Der Mann mit Venus in den Zwillingen im Horoskop mag Frauen, die sehr veränderlich, wandelbar und neugierig sind. Für Venus/Zwillinge ist Intelligenz wichtig und ebenso ihre Bewegungsfreiheit.

Venus im Krebs
Venus im Krebs ist sensitiv, hat den Hang zum Häuslichen und zeigt gern ihren Beschützerinstinkt. Sie hat häufig altmodische Vorstellungen von der Liebe, ist konventionell und kann klammern. Venus/Krebs ist nicht besonders leidenschaftlich. Ihre Gefühle zeigen sich mehr als mütterliche Liebe.

Venus im Krebs sorgt sich und kümmert sich gern um andere. Sie empfindet besonders stark die Atmosphäre und die Stimmung des oder der anderen Menschen. Hier zeigt sich Fruchtbarkeit, Geborgenheit und seelische Tiefe. Venus/Krebs ist weich, passiv und launenhaft.
Der Mann mit Venus im Krebs im Horoskop mag Frauen, die gefühlvoll und sensibel sind.
Wichtig für die Venus im Krebs ist ein eigenes Heim sowie die Familie. Starke Empfindlichkeit geht bei ihr einher mit der Angst, verletzt zu werden.

Venus im Löwen
Venus im Löwen ist stolz und durch Zurückweisungen leicht zu verletzen. Venus/Löwe braucht das Gefühl, respektiert und um ihrer selbst willen geliebt zu werden. Es besteht die Tendenz, in Beziehungen demonstrativ und generös zu sein. Wichtig ist ihr Loyalität.
Männer mit Venus im Löwen im Horoskop suchen eine Frau, die sie auch vorzeigen können. Venus im Löwen will bewundert werden, braucht viel Aufmerksamkeit und will immer die Größte sein. Sie bringt Kreativität, künstlerisches Geschick und Ausstrahlung mit sich. Mit dieser Stellung der Venus liebt man das Leben und weiß es auch zu genießen. Venus/Löwe hat ein gutes Verhältnis zu Kindern.

Venus in der Jungfrau
Venus in der Jungfrau ist diszipliniert und gewissenhaft. Außerdem zeigt sie sich puritanisch, geschäftig und kritisch. Sauberkeit und Hygiene können ihr sehr wichtig sein. Die Liebe einer Venus in der Jungfrau ist vertrauensvoll, wirkungsvoll, ehrenhaft und methodisch. Des weiteren ist sie sauber, tüchtig und verlässlich. Sie zeigt dienendes Verhalten. Manchmal entsteht der Eindruck, frostig und sehr kontrolliert zu sein („Rühr mich nicht an“). Venus in der Jungfrau kann aber auch sehr sinnlich sein.
Als Mann mit Venus in der Jungfrau sucht man eine anständige Frau, die in allen Lebenslagen patent ist.
Weitere Fähigkeiten von Venus/Jungfrau können sein: Vernunft, Ordnung, Organisationstalent, Durchhaltevermögen, Naturverbundenheit, Tierliebe, Ernährung, Heilung...
Venus in der Jungfrau steht auch in Krisen zum Partner. Venus braucht in dieser Stellung (ähnlich wie Venus/Krebs) das Gefühl, gebraucht zu werden.

Venus in der Waage

Venus zeigt sich in der Waage eher kühl und nicht unbedingt leidenschaftlich, kann aber klassische Schönheit verleihen. Sie kann andererseits sehr großzügig sein. Wichtige Attribute sind Fairness, Gerechtigkeit, Friede, Harmonie. Menschen mit Venus/Waage mögen es, wenn man zu ihnen nett ist. Frauen haben häufig eine feminine Erscheinung, wirken dabei aber oft kühl und distanziert. Venus/Waage verfügt über Intelligenz, ist aber in Bezug auf die Liebe und die Sexualität ziemlich konventionell. Ihnen ist ihre öffentliche Erscheinung sehr wichtig. Es besteht eine Tendenz zur Sentimentalität. Häufig finden wir bei Venus/Waage ein gutes Aussehen. Männern mit Venus in der Waage ist in Beziehungen Harmonie und Idealismus sehr wichtig. Sie fühlen sich häufig angezogen durch „echte" Frauen. Sie bevorzugen Aufrichtigkeit, Zusammenarbeit und Anteilnahme.

Venus im Skorpion

Venus im Skorpion zeigt sich durch eine hohe Emotionalität, Sensibilität und Leidenschaft, egal worum es geht. Gefühle kommen mit großer Intensität zum Ausdruck. Erwünscht ist ein Austausch von Gefühlen mit großer Tiefe. Dies ist eine äußerst sexuelle Stellung für die Venus. Venus ist hier verschwiegen und nicht sehr sozial, dazu eifersüchtig und besitzergreifend. Venus/Skorpion hat ein hohes Bedürfnis nach emotionaler Sicherheit.

Männer mit dieser Stellung im Horoskop mögen kraftvolle, intensive und leidenschaftliche Frauen. Vorherrschend kann bei Venus/Skorpion auch sexueller Stolz und Machtanspruch sein.

Venus im Schützen

Venus im Schützen ist sehr idealistisch, auch in Beziehungen, und damit schwer zufrieden zu stellen. In dieser Stellung ist Venus unbeständig und kann Schwierigkeiten mit der Realität haben. Venus/Schütze lebt mehr in der Zukunft und mag nicht immer in die Gegenwart gezogen werden. Mit Venus im Schützen wird viel über Vorstellungen geredet und es kann schwierig sein, Beziehungen wirklich zu leben. So ist der Wunsch nach der Flucht aus der Realität verständlich.

Venus im Schützen kann aber auch großzügig Zuneigung zeigen, hat Humor, ist aufrichtig, offen, direkt und der Wahrheit verpflichtet. Venus/Schütze kann sehr taktlos sein.

Männer mit Venus im Schützen suchen Frauen, die verlässlich sind und auch Kamerad sein können („eine Frau, mit der man Pferde stehlen kann").

Philosophie und geistiger Austausch sind der Venus hier sehr wichtig, außerdem ist Venus/Schütze äußerst freiheitsliebend, strebt nach Gleichberechtigung und ist sehr reiselustig.

Venus im Steinbock

Venus im Steinbock ist das Ansehen und die materielle Sicherheit sehr wichtig. Venus/Steinbock ist ernsthaft in der Liebe und zeigt manchmal wenig Humor. Sie ist vorsichtig und braucht feste Zusagen, bis sie sich auf etwas einlässt. Venus/Steinbock zeigt nur ungern ihre Gefühle und kann einen regelrechten Panzer entwickeln. Sie ist sehr kritisch und der Wahrheit verpflichtet. Venus/Steinbock hat aber auch enorme sexuelle Energien und viel Ausdauer. Sie fühlt sich sicher in Konventionen und im „normalen" Verhalten. Wichtig ist ihr Selbstkontrolle, sie wirkt verschlossen und zeigt von daher auch kaum Gefühle in der Öffentlichkeit. Es fällt der Venus im Steinbock ohnehin schwer, ihren Gefühlen Ausdruck zu verleihen. Sie ist praktisch und ehrlich.

Männer mit Venus im Steinbock mögen Frauen, die in ihren Augen normal und zuverlässig sind. Sie bekommen aber auch eine Frau mit eigenem Willen und starker Entschlossenheit. Wichtig ist der Venus im Steinbock wahre und tiefe Liebe.

Venus im Wassermann

Venus im Wassermann ist offen und unkonventionell. Sie ist frei in ihren Einstellungen zur Liebe und zu Beziehungen. Venus/Wassermann lehnt Eifersucht und Besitzdenken ab. Sie hat viele Verbindungen zu vielen Menschen. Sexuell und in der Liebe ist sie selten fest gebunden. Venus im Wassermann ist dagegen aber sehr experimentierfreudig und sie liebt die Unbeschwertheit.

Männer mit dieser Stellung in ihrem Horoskop mögen auch dementsprechend unkonventionelle, intelligente, aktive, experimentierfreudige und unabhängige Frauen. Diese bekommen sie dann auch und müssen sehen, wie sie im praktischen Leben damit klar kommen. Venus im Wassermann findet Liberalität in jeder Form wichtig.

Venus in den Fischen

Venus in den Fischen ist extrem sensitiv und sie entwickelt in dieser Stellung sehr viele Gefühle. Sie ist hingebungsvoll, zärtlich und heilend. Ve-

nus/Fische hat natürliche Heilkräfte. Außerdem zeigt sie sich romantisch und idealistisch, aber auch unbeständig.
Venus in den Fischen mag keine festen Zusagen. Dabei ist sie nicht besonders wählerisch und auch von daher leicht verführbar. Venus/Fische hat ein schlecht entwickeltes Unterscheidungsvermögen, ist unverbindlich in ihren Emotionen und nicht unbedingt treu. Es ist kaum möglich, die Venus in den Fischen auf bestimmte Gefühle hin festzulegen.
Venus/Fische hat eine verinnerlichte Hingabe und den Wunsch nach Erlösung. Dies zeigt sich auch in universellem Mitgefühl für alle Menschen und Tiere.
Männer mit dieser Stellung im Horoskop suchen emotionale, sensitive und hingebungsvolle Frauen, die ihnen auf dem spirituellen Weg zur Erlösung verhelfen.

Wenn wir schon die Venus in allen Zeichen beschreiben, dann sollte auch der Mars zu seinem Recht kommen.

Mars in den Zeichen

Mars im Widder
Mars zeigt sich im Widder grob und direkt. Es kann zu starkem Konkurrenzverhalten kommen. Mars/Widder liebt das Abenteuer, ist verwegen und mutig. Als Bild können wir uns Männer in Uniform vorstellen. Aber auch den stürmischen Liebhaber finden wir hier, der allerdings nicht mit Ausdauer glänzt.
Mars/Widder besticht durch folgende Eigenarten: Starker Tatendrang, Ehrgeiz, Freiheitsdrang, Streitlust, Geltungsstreben, extreme Gesten, extreme Sportarten.
Frauen mit Mars im Widder im Horoskop suchen den Cowboy im Mann, den Helden, den Krieger, der sie beschützt und antreibt.
Mars im Widder ist die schnelle direkte und überaus effektive Energieanwendung, die aber nur kurzfristig aufrecht erhalten werden kann.

Mars im Stier
Die Achtung dem anderen gegenüber wird mit Mars im Stier fühlbar gezeigt. Mars im Stier will aktiv absichern.

Eine Frau mit Mars im Stier im Horoskop sucht einen Mann, der dementsprechend Sicherheit schaffen kann. Es geht nicht darum Sicherheit zu vermitteln oder dafür zu sorgen, dass Frau Sicherheit selbst entwickeln kann, sondern um die konkrete Tat.
Ähnlich ist es auch mit der Sinnlichkeit. Mars im Stier ist sehr sinnlich, sehr sexuell, sehr natürlich. Mars/Stier hat eine natürliche Sexualität verbunden mit großer Ausdauer. Diese hat er aber nicht nur in der Sexualität, sondern in allen Projekten, die er angeht.
Mars im Stier ist auch die Stellung mit dem großen Phlegma. Dinge oder Projekte in Gang setzend wie Mars/Widder ist Mars/Stier nämlich nicht. Er ist auch lange nicht so flexibel wie der Mars in den Zwillingen, sondern schon eher unbeweglich.
Wie bei allen Erdzeichen, im Stier jedoch am deutlichsten, ist der direkte Bezug zur Natur. Mars im Stier ist als Archetyp der Bauer auf dem Feld.

Mars in den Zwillingen

Mars in den Zwillingen ist sehr beweglich und kann hier sehr flexibel agieren. Die Waffe des Mars wird in dieser Stellung die Sprache bzw. die Kommunikation in jeglicher Form sein. Wo der Mars/Stier die Fäuste nimmt, da benutzt Mars/Zwillinge sein Wissen um die geistigen Gesetze oder einfach seine spitze Zunge.
Eine Frau mit Mars in den Zwillingen in ihrem Horoskop sucht den beweglichen intelligenten Mann, der ihr geistig ebenbürtig ist. Kommunikation und der Kontakt zu anderen Menschen sind hier ganz wichtig.

Anmerkung:
Diese Anmerkung gilt für alle Zeichen, wird aber am Beispiel von Mars in den Zwillingen besprochen. Wenn ein Mann Mars in den Zwillingen und die Sonne im Krebs hat, dann entspricht sein Mars dem Suchbild einer Frau. Diese bekommt dann aber zusätzlich den Krebs. Krebs ist nun lange nicht so kontaktfreudig und kommunikativ wie es der Zwilling ist. Da kann dann die Enttäuschung groß sein. Es kann ein Gefühl entstehen, einer Mogelpackung aufgesessen zu sein.

An diesem Beispiel, welches wir leicht auf andere Kombinationen von Sonne und Mars übertragen können, sehen wir wie wichtig es ist, das eigene Horoskop genau zu analysieren.

Mars im Krebs
Mars hat es schwer im Krebs. Er kann nicht direkt angreifen oder aktiv werden. Die Energie im Krebs ist mehr nach innen als nach außen gerichtet. Aber im Inneren der Dinge ist Mars/Krebs sehr aktiv. Von daher ist dies eine gute Stellung für den Psychologen. Außerdem heißt es, dass Mars im Krebs den Handwerker erspart, weil Menschen mit dieser Stellung alles selbst können und auch machen – das gilt übrigens häufig auch für Frauen. Eine Frau mit Mars im Krebs in ihrem Horoskop sucht Männer, die introvertiert und geheimnisvoll sind. Die Frau sucht einen Mann, der bereit ist, Familie und Heim mit ihr zusammen aufzubauen. Diese Frauen bekommen einen Mann, der alles selbst kann, aber vielleicht nicht darüber spricht.

Mars im Löwen
Im Löwen kann Mars sich so verhalten, als wäre er zu Hause. Er kann mit seiner Energie verschwenderisch umgehen. Nur ist es beim Feuer (Löwe ist ein Feuerzeichen) so, dass die Energie sich relativ schnell verbraucht. Somit kann Mars im Löwen nicht besonders gut haushalten mit seiner Energie.
Frauen mit Mars im Löwen suchen nach Männern, die zumindest nach außen hin etwas darstellen. Umgangssprachlich könnte man sagen, diese Männer sind coole Typen. Mit Mars/Löwe hat Frau auch hohe Ansprüche an die „männliche Energie". Ob sich diese Ansprüche durch die Suche nach äußeren Attributen befriedigen lassen ist zumindest fragwürdig.
Mars im Löwen ist sehr kreativ und liebt es zu spielen. Auch von daher kommt er gut mit Kindern klar und kann sich am besten entfalten, wenn es um Sport, Spiel und Spaß geht.

Mars in der Jungfrau
In der Jungfrau muss sich Mars zweckgebundener verhalten. So wird in der Jungfrau nicht wie beim Löwen jeder kreative Impuls sofort umgesetzt, sondern es geht mehr um Funktionalität. Da die Jungfrau ein Erdzeichen ist, ist sie auch sehr sinnlich und an Körperkontakt interessiert, doch werden diese Impulse zurückgestellt wenn es darum geht, Aufgaben zu erledigen. Im Jahresverlauf hat die Jungfrau die Aufgabe, Vorräte für den Herbst und Winter anzulegen. Von daher erklärt sich die Vernunft und das vorausschauende Verhalten.
Frauen mit Mars/Jungfrau im Horoskop suchen demnach einen Mann, der vernünftig und vorausschauend ist, auf den sie sich verlassen können.

Mars in der Waage

In der Waage richtet sich die Energie des Mars viel stärker nach außen. Hier geht es um Kontakte zur Außenwelt. Mars äußert sich in der Waage diplomatisch und zeigt seine besten Manieren. So verwundert es nicht, dass sich Frauen mit Mars in der Waage im Horoskop Männer wünschen, die höflich, zuvorkommend, diplomatisch und kommunikativ sind und zusätzlich gute Manieren zeigen.
Mit Mars in der Waage geht es darum, die Energie so einzusetzen, dass es möglichst andere sind, die dass tun, was eigentlich wir zu tun hätten. Dies erinnert uns an die Stelle in Huckleberry Fin und Tom Sawyer von Mark Twain, in der Tom den Gartenzaun streichen soll, es aber so geschickt anstellt vom Streichen des Gartenzauns zu schwärmen, dass ihm andere Kinder sogar Geld dafür geben, um den Zaum streichen zu dürfen. So verfährt ein Mars in der Waage.
Natürlich ist diese Stellung keine, die sich durch besonderen Mut oder starkes Durchsetzungsvermögen auszeichnet. Mars herrscht traditionellerweise im Widder und Waage ist das Gegenzeichen zum Widder. Aber wie wir gesehen haben am Beispiel von Tom Sawyer, kann eine solche Stellung heutzutage bei geschickter Anwendung zum eigenen Vorteil gereichen.

Mars im Skorpion

Anmerkung:
Bevor Pluto entdeckt worden war und bevor die Astrologen ihm dem Skorpion zugeordnet haben, war Mars wie im Widder auch der Herrscher im Skorpion. Neueste Erkenntnisse über den Kuiper-Gürtel jenseits des Neptun lassen Plutos Position in unserem Sonnensystem unsicher erscheinen. Somit ist auch seine Herrschaft im Skorpion ungesichert und wir können auch den Mars als Herrscher für den Skorpion in unsere Überlegungen mit einbeziehen.

Mars im Skorpion ist sehr sexuell, leidenschaftlich und unversöhnlich. Mit voller Verbissenheit geht er den Dingen und Menschen nach, die sein Interesse geweckt haben. Dabei lässt sich der Skorpion nicht in die Karten schauen. Der Partner des Menschen mit Mars/Skorpion weiß demnach häufig nicht, woran er ist. Mars im Skorpion liebt die Intensität. Oberflächliches oder diplomatisches Gehabe wie bei Mars/Waage beispielsweise ist nicht seine Sache.
Frauen mit Mars im Skorpion in ihrem Horoskop suchen einen Mann, der geheimnisvoll ist, unergründlich, leidenschaftlich und eine magische Ausstrahlung besitzt. Mit dieser Stellung ist es besonders wichtig darauf zu

achten, ob Frau in ihrem Horoskop die dementsprechenden Konstellationen aufweist, um überhaupt mit diesem Mars umgehen zu können.

Mars im Schützen

Mars im Schützen ist die Stellung für Sportler (obwohl einer meiner besten Freunde den rückläufigen Mars im Schützen hat und absolut unsportlich ist).

Mit Mars/Schütze ist der Bewegungsdrang aktiviert. Der Schütze bleibt nicht gerne bei einer Sache. Er ist aber sehr enthusiastisch dabei, wenn er sich für etwas begeistern kann. Wenn sich ein Schütze in uns verliebt hat, erleben wir sicherlich eine stürmische, aktive und leidenschaftliche Zeit. Aber wenn das Feuer des Schützen erloschen ist kann es unter Umständen schwer sein, dieses wieder zu entzünden.

Frauen mit dem Mars im Schützen im Horoskop suchen nach einem Mann, der sportlich und beweglich ist und mit dem sie Abenteuer erleben und in fremde Länder reisen können.

Mars im Steinbock

Mars im Steinbock kann sehr ausdauernd sein, aber auch sehr asketisch und vom Leben abgewandt. Auch im Bereich der Sexualität ist Mars manchmal regelrecht triebhaft (Bock vom Steinbock) oder auch völlig enthaltsam (Stein vom Steinbock).

Mars im Steinbock kann es lernen, seine Energie einzusetzen. Er ist fähig, Kardinaltugenden zu aktivieren. Pünktlichkeit, Askese, Disziplin und Rechtschaffenheit können helfen, das auch vorhandene Bedürfnis zur Machtausübung zu kanalisieren. Es muss Geduld entwickelt werden, um in der Gesellschaft die weiten Wege bis zum Erreichen der Position zur Machtausübung zu gehen.

Frauen mit Mars im Steinbock in ihrem Horoskop suchen demnach auch einen Mann, der rechtschaffen ist, mächtig, politisch tätig oder gesellschaftlich bedeutend.

Mars im Wassermann

Mars im Wassermann ist häufig ideologisch gefärbt. Das bedeutet, dass eine höhere Instanz, beispielsweise der Kopf, ja sagen muss, wenn Mars aktiv werden soll. Das lässt manchmal wenig Raum für spontane und kreative Einfälle, auch im Bereich der Sinnlichkeit und Sexualität. Mars im Wasser-

mann ist allerdings ein Original und er liebt die Geschwindigkeit. Frauen mit Mars im Wassermann in ihrem Horoskop suchen nach einem außergewöhnlichem Mann, der nicht wie die anderen ist. Er sollte geistreich sein und die Untiefen der Kommunikation beherrschen.
Häufig ist Mars/Wassermann auch höheren Zielen oder Idealen verschrieben, ist aktiv in Parteien oder Organisationen. Mit diesen muss er dann in der Partnerschaft geteilt werden.

Mars in den Fischen

Mars in den Fischen ist seinen Launen und Eingebungen manchmal hilflos ausgeliefert. Mars in den Fischen ist keine gute Stellung für Machos und Draufgänger, sondern eher geeignet für soziale, künstlerische oder spirituelle Aktivitäten.
Frauen mit Mars in den Fischen in ihrem Horoskop suchen nach einem Mann, der sensibel, kreativ und sozial ist. Häufig wird mit dieser Stellung auch der Helfer in uns angesprochen, so dass aus dem sozialen Typen, den wir suchen, ein Sozialfall wird.
Mars/Fische ist besonders geeignet bei verfeinerten Einstellungen und Energien.

Fazit:

Mit diesen Beschreibungen der Beziehungsplaneten Venus und Mars haben wir die persönlichen Planeten abgeschlossen. Es gilt jetzt den Schritt zu machen zu den gesellschaftlichen und überpersönlichen Planeten. Wir beginnen dabei mit dem Saturn.

Saturn

Keine wie auch immer geartete Betrachtung von Horoskopen ist vollständig ohne die Einbeziehung des Saturns. Dies gilt gleichermaßen für das individuelle Radix, wie auch für den Vergleich (Synastrie) von zwei oder mehr Horoskopen. Saturn ist der Dreh- und Angelpunkt in der Astrologie. Bis zu der Entdeckung der äußeren Planeten galt Saturn als **Hüter der Schwelle**, als letzte Bastion vor dem Nichts. Die äußeren Planeten Uranus, Neptun und Pluto werden auch als Trans-Saturnier bezeichnet.
Saturn steht für das Vorhandensein eines Rahmens, einer Struktur. Im kosmischen Zusammenhang ist Saturn zuständig für **die Konstruktion von Raum und Zeit**. Er verleiht den Dingen Zeit und somit Dauer.

Dauerhaftigkeit wünschen wir uns auch für unsere Beziehungen, es sei denn, wir sind auf ein kurzes Abenteuer aus. So „brauchen" wir Saturn in unseren Beziehungen, wenn diese dauerhaft und ernsthaft sein sollen, d.h. dass es zwischen den beiden Horoskopen jeweils **Aspekte unter Beteiligung von Saturn** geben muss. Damit sind vor allem Aspekte gemeint, die zwischen dem Saturn des einen Partners und den persönlichen Planeten des anderen verlaufen. Natürlich kann Saturn auch im Aspekt stehen zu den Achsen im Horoskop des Partners. Gemeint sind hier Aspekte auf den Aszendenten oder zum Medium Coelli (Deszendent, Immun Coelli).

In gewisser Weise ist Saturn besonders wichtig, da er die Schwierigkeiten anzeigt, mit denen wir uns beschäftigen müssen. Dies gilt auch für unsere Beziehungen. Denn Saturn ist der Lehrmeister unter den Planeten. Wie alle Lehrmeister zeigt Saturn zuerst, also wenn wir jünger sind, sein strenges Gesicht. Mit der zunehmenden Arbeit an uns selbst wird aus dem Lehrmeister immer mehr ein Ratgeber. Somit steht Saturn für den **Reifungsprozess** und symbolisiert dementsprechend die Reife. Wie es so nett im Ausbildungsbereich heißt: „Lehrjahre sind keine Herrenjahre". Gemeint ist in unserem Sinne mit diesem eher archaischen Ausspruch, dass Saturn die Stellen in unserem Charakter und unserem Leben markiert, die noch unreif sind. Dort finden sich Schattenanteile, die äußerst schmerzhaft für uns sein können. Umso heilsamer kann der behutsame Blick dorthin sein.
Im Verlauf des nächsten Kapitels, in dem es darum gehen wird, wie es sich in unseren Beziehungen auswirkt, wenn die äußeren Planeten in Verbindung stehen zu unseren persönlichen Planeten, wird auch Saturn ausführlicher und konkreter besprochen.

Verbindungen mit den äußeren Planeten

Nachdem wir auf die Besonderheiten von Venus und Mars in den Zeichen eingegangen sind und nachdem wir einige Worte über die Wichtigkeit von Saturn verloren haben, kümmern wir uns jetzt um die äußeren Planeten.

Das Horoskop beinhaltet ja bekannterweise sowohl Faktoren, die für das Persönliche stehen und solche, die für die überpersönlichen Bereiche zuständig sind. In einem der von uns besonders geschätzten Planetenmodelle, der **Planetenhierarchie**, können wir diese Prozesse anhand von vier verschiedenen Ebenen darstellen. Auch dieses Planetenmodell haben wir ausführlich in *„Astrologie und Spiritualität"* beschrieben. Kurz gefasst wollen wir hier sagen, dass die Persönlichkeit durch Sonne, Mond und Merkur (Ebene -4-) sowie Venus und Mars (Ebene -3-) gebildet wird. Die Ebene -2- besteht aus Jupiter und Saturn, dann erst kommen in der Ebene -1- die transpersonalen Planeten Uranus, Neptun und Pluto.

Die Planetenhierarchie

Ebene -1-: Uranus – Neptun – Pluto

Ebene -2-: Jupiter – Saturn

Ebene -3-: Venus – Mars

Ebene -4-: Sonne – Mond – Merkur

Wir können erkennen, dass Saturn auch in diesem Modell der Hüter der Schwelle ist und demgemäß die Trennlinie bildet. Einerseits gehört er noch zum persönlichen Bereich, andererseits ist er der Anfang der überpersönlichen Bereiche. Diese beginnen mit Saturn, schließen dann aber Uranus, Neptun und Pluto (Kuipergürtel) mit ein. Natürlich verändert sich die Bedeutung der Planeten, wenn sie in Kontakt mit anderen Planeten stehen. Besonders gilt dies, wenn persönliche und überpersönliche Faktoren zusammentreffen.

Wenn wir diese Aussagen auf unser Thema „Astrologie und Partnerschaft“ beziehen, dann interessiert uns vor allem, wie sich unsere Beziehungen verändern, wenn transpersonale Faktoren auf Planeten treffen, die für die Beziehung stehen. An dieser Stelle interessiert uns also vor allem, wenn Venus und Mars als Repräsentanten von Beziehungen in Kontakt stehen mit Saturn, Uranus, Neptun und Pluto.

Anmerkungen:
An dieser Stelle müssen wir einige Anmerkungen aufführen, da sonst das Nachfolgende unverständlich bleibt. **Astrologie ist auch Kombinationslehre**. Wir finden die Bedeutung der zwölf Urkräfte in den zwölf Tierkreiszeichen von Widder bis Fische und auch in den Planeten. Die Planeten werden als Herrscher den Zeichen zugeordnet und wir finden die zwölf Urkräfte auch in den zwölf Häusern.

Die folgende Tabelle zeigt die Zusammenhänge von Urkräften, Zeichen, Herrschern und Häusern. So haben wir die Möglichkeit, die jeweiligen Kombinationen nachzusehen.

Tabelle der Verhältnisse von Urkräften, Zeichen, Herrschern und Häusern

Urkräfte	Zeichen	Alt-Herrscher	Neu-Herrscher	Häuser
Widder	Widder	Mars	Mars	1
Stier	Stier	Venus	Venus	2
Zwillinge	Zwillinge	Merkur	Merkur	3
Krebs	Krebs	Mond	Mond	4
Löwe	Löwe	Sonne	Sonne	5
Jungfrau	Jungfrau	Merkur	Merkur	6
Waage	Waage	Venus	Venus	7
Skorpion	Skorpion	Mars	Pluto	8
Schütze	Schütze	Jupiter	Jupiter	9
Steinbock	Steinbock	Saturn	Saturn	10
Wassermann	Wassermann	Saturn	Uranus	11
Fische	Fische	Jupiter	Neptun	12

Es gibt demnach verschiedene Möglichkeiten, wie persönliche und überpersönliche Faktoren miteinander kombiniert werden können.

Nehmen wir zur Anschauung ein Beispiel: **Venus/Uranus**.

Venus/Uranus liegt vor bei:

- einem direkten Aspekt zwischen Venus und Uranus (Konjunktion, Quadrat, Opposition, Trigon, Sextil, Spiegelpunkt, kleinerer Aspekt)
- Venus in Haus 11
- Uranus in Haus 2 oder in Haus 7
- Herrscher von Haus 11 in Haus 7
- Wassermann als Spitze Haus 7

All dies sind mögliche Kombinationen der Urkräfte Venus und Uranus. Unserer Meinung nach ist es allerdings **der direkte Kontakt** zwischen den beiden Planeten, der am stärksten zu werten ist. Wenn wir in der Folgezeit also von Venus/Uranus reden, dann meinen wir alle möglichen Kombinationen, die zu einer Konstellation führen, die dem Inhalt nach Venus/Uranus darstellt.

Mit ein wenig Übung und ein wenig Experimentieren werden wir mit der Zeit herausfinden, welche Kombinationsmöglichkeiten es gibt. Die Tabelle (s. o.) kann uns dabei behilflich sein.

Eine weitere Anmerkung:
Unsicher ist auch die Stellung und die Bedeutung des Planeten Pluto in unserem System. Solange wir nichts Genaueres wissen, nehmen wir Pluto als Repräsentanten des äußeren Gürtels aus Gestein, auch Kuipergürtel genannt.

Die Natur der Verbindung von Mars und Venus mit überpersönlichen Planeten

Die uns hier interessierenden Verbindungen bestehen also aus einem **persönlichen Faktor** und einem **unpersönlichen Faktor**. In der Realität, also in den Horoskopen, finden wir ständig solche Verbindungen.

In Beziehungen treffen dann verschiedene Verbindungen aufeinander. Eine Frau mit beispielsweise Mars/Saturn trifft auf einen Mann mit Venus/Uranus. Verschiedene sich daraus ergebende Probleme können wir nun dann wirklich verstehen, wenn wir die wichtigsten Kombinationen in den Horoskopen erkannt und analysiert haben.

Im Folgenden wollen wir die wichtigsten Kombinationen besprechen. Wie wir wissen, macht es einen Unterschied, ob eine Konstellation als Mann oder als Frau erlebt wird. Wir werden uns die Verbindungen deswegen von der weiblichen und von der männlicher Seite her ansehen.

Verbindung Mars mit ... beim Mann	**Verbindung Mars mit ... bei der Frau**	**Verbindung Venus mit ... beim Mann**	**Verbindung Venus mit ... bei der Frau**
Mars/Saturn	Mars/Saturn	Venus/Saturn	Venus/Saturn
Mars/Chiron	Mars/Chiron	Venus/Chiron	Venus/Chiron
Mars/Uranus	Mars/Uranus	Venus/Uranus	Venus/Uranus
Mars/Neptun	Mars/Neptun	Venus/Neptun	Venus/Neptun
Mars/Pluto	Mars/Pluto	Venus/Pluto	Venus/Pluto

Mars/Saturn

Beim Mann

Beim Mann wird sich der Saturn direkt auf den Mars auswirken. Saturn lässt nicht jeden Impuls zu, weil er Dauerhaftigkeit verleihen will. Dies wirkt zunächst natürlich hemmend. So kann der Mann mit Mars/Saturn seine Sexualität als sehr ausdauernd oder aber auch als gehemmt erfahren. Natürlich sind auch alle möglichen Mischformen aus beiden denkbar.

Saturn kann den Drang geben, immer etwas Besonderes leisten zu wollen und höheren Ansprüchen zu genügen. Ein Mann mit Mars/Saturn im Horoskop sollte es auch einmal etwas lässiger und lockerer angehen lassen, insbesondere im Umgang mit dem anderen Geschlecht.

Bei der Frau

Grundsätzlich erlebt Frau den Mars eher in der Projektion auf das andere Geschlecht. Bei der Kombination von Mars und Saturn kommt es vielleicht zu einer Partnerwahl mit einem sehr viel älteren Mann. Oder Frau wählt einen Partner, der recht umständlich ist, für den seine Arbeit (Pflichterfüllung) im Vordergrund steht oder der sie maßregelt.

Der höhere Auftrag von Mars/Saturn besteht in zunehmender Geduld und Reife. Wenn die Wahl des Partners dazu beiträgt, diese Eigenschaften zu entwickeln, dann erfüllt Mars/Saturn seine Aufgabe im Horoskop.

Venus/Saturn

Beim Mann

Im Falle der Venus ist es genau umgekehrt wie beim Mars. Hier erlebt eher der Mann die Projektion auf das andere Geschlecht. Im Grunde ist er selbst mit Venus/Saturn in seiner Liebesfähigkeit und seiner Hingabefähigkeit gehemmt. Weil er das so aber nicht sehen will, muss er dies projizieren und eine Partnerin wählen, die spröde oder älter oder gehemmt ist. Auch hier gilt, dass Saturn sich über die Zeit hinweg entwickelt und so kann sich auch solch eine Partnerschaft im Zeitverlauf entwickeln.

Bei der Frau

Eine Frau mit Venus/Saturn kann sich ungeliebt fühlen, da sie sich der Schwere ihrer Venus bewusst ist. Im besten Fall verleiht Saturn der Venus eine Form der klassischen Schönheit, die im Alter eher zu- als abnimmt. Damit ist das Wichtigste bereits angedeutet, denn es geht bei Venus/Saturn um Reifung. Es muss auch für die Liebe und für Beziehungen der richtige Zeitpunkt, die richtige innere Entwicklungsstufe abgewartet werden. Dies ist natürlich dann besonders schwierig, wenn wir sehr ungeduldig sind oder uns bestimmte, vielleicht sinnliche Bedürfnisse in eine Beziehung oder Ehe treiben, für die wir noch nicht bereit oder einfach noch zu jung sind.

Mars/Chiron

Beim Mann

Chiron hat mit Verletzungen aller Art zu tun. Diese Verletzungen können äußerlich oder innerlich oder beides sein. Ihr Charakteristikum ist, dass sie häufig nicht direkt zu heilen sind. Eine Verbindung von Mars und Chiron deutet darauf hin, dass hier eine Verletzung der Männlichkeit vorliegt. Diese kann sich auf die Sexualität, z. B. auf die Potenz beziehen oder auf das Selbstbild als Mann. Möglich ist, dass Erfahrungen in der Vergangenheit tiefe innere Verunsicherungen hinterlassen haben, die nun in der gegenwär-

tigen Beziehung Schwierigkeiten verursachen. Wichtig ist es, diesen Dingen auf den Grund zu gehen, damit hier Heilung geschehen kann, auch wenn immer eine gewisse Sensibilisierung des Themas erhalten bleiben wird.
Mars/Chiron kann auch Probleme in der Durchsetzung und in der Männlichkeit anzeigen, die sich ursächlich auf Erfahrungen in der Kindheit zurückführen lassen. Als Mann sollten wir bereit sein, unsere Prägung von dem Bild des Mannes zu hinterfragen und unsere eigene Form der Männlichkeit zu entwickeln.

Bei der Frau

Natürlich kann sich auch eine Frau verletzt fühlen in ihrer Durchsetzungskraft, in ihrer Stärke oder in ihrer „Potenz“. Doch wird sie dieses eher in der Projektion erleben, indem sie ihren Partner mit diesen Problemen erfährt. Sehr häufig können Frauen die Angst und den Schmerz von Männern mit Mars/Chiron mildern, es sei denn, dass sie selbst ein Opfer brauchen, um ihre eigene Konstellation von Mars/Chiron leben zu können. Auch mag es weibliche Personen geben, die beispielsweise in ihrer Kindheit durch männliche Bezugspersonen gelitten haben und dieses nun weitergeben in ihren eigenen Beziehungen.
Auf jeden Fall sollte sich Frau mit Mars/Chiron im Horoskop um die eigenen Verletzungen in Bezug auf Männer und Sexualität kümmern.

Venus/Chiron

Beim Mann

Venus steht für Liebe, Schönheit und Hingabe. In Verbindung mit Chiron kann es nur bedeuten, dass diese Eigenschaften der Venus verletzt oder gestört sind. Da Männer ihre Venus gern als Projektion auf ihre Partnerin erleben, kann dies bedeuten, dass sie mit Venus/Chiron in ihrem Horoskop Frauen anziehen, die selbst Probleme mit der Venus haben.
Häufig sind Männern Eigenschaften wie die Wahrnehmung von Schönheit und Hingabe nicht vertraut. Meistens, weil es ihnen in der Kindheit nicht gelehrt wurde. Ja, wie sollen wir eine Welt voll Schönheit schaffen, wenn wir die Fähigkeit, diese wahrzunehmen, nicht unseren Kindern beibringen?!

Chiron steht nicht nur für die Verletzung, sondern auch für den Prozess, diese zu heilen. So kann es für jemanden mit Venus/Chiron im Horoskop sehr sinnvoll sein, sich mit der Energie der Venus zu beschäftigen. Die E-

Energie der Venus kann sich zeigen im Lieben, im sich und andere mit Schönheit umgeben, im Genießen, im Freude empfinden, in der Kunst, in der Musik, in unseren Sinnesempfindungen, im Körperkontakt oder in der Körperpflege. Und dies sind nur einige Stichworte dazu...

Bei der Frau

Bei der Frau ist es im Grunde ähnlich wie beim Mann, nur dass es bei Venus im Kontakt zu Chiron für eine Frau schwieriger ist, diese Kombination zu projizieren als für einen Mann.

Mit Venus/Chiron kann eine schwerwiegende Verletzung der Weiblichkeit vorliegen. Wenn die weiblichsten aller Attribute verletzt sind, wenn wir nicht lieben können, keine Schönheit schenken, keine Freude empfinden sowie keine Sinnesempfindungen genießen können, dann haben wir wirklich ein Problem.

Aber auch mit dieser Stellung kann ein großes Potenzial an Fähigkeit zum Heilen verbunden sein. Wenn wir bereit sind, uns unseren Schmerzen und Wunden zu stellen, dann werden wir erfahren können, dass die Liebe der größte Heiler von allen ist.

Mars/Uranus

Beim Mann

Mars in Verbindung mit Uranus erzeugt eine sprunghafte elektrische Energie. Männer mit dieser Stellung haben es eher schwer, Dinge zu Ende zu führen oder beständig zu sein. Sie lieben es, sich für etwas einzusetzen, am liebsten in einer Form des Freiheitskampfes. So kann es dazu kommen, dass sie nicht immer die Geduld aufbringen, Beziehungen langfristig zu pflegen. Frauen, die es lieben, wenn Männer spontan sind, ungewöhnliche Wege eingehen und freie Sexualität bevorzugen, bekommen bei Mars/Uranus genau das, was sie wollen.

Bei der Frau

Entweder liebt sie diese Stellung oder sie ruiniert sich ihre Nerven damit. Als Frau wird die Konstellation Mars/Uranus meistens in der Projektion erlebt. Beispielsweise durch eine Beziehung zu einem Mann, der eine Verbindung von Mars und Uranus in seinem Horoskop aufweist.

Es wird nicht langweilig mit Mars/Uranus, aber man weiß oft nicht, woran man ist. Handlungen können sich in ihr Gegenteil verkehren. Was eben noch gut, richtig und nachahmenswert war, kann nun falsch und ablehnenswert sein. Mars/Uranus lässt sich nicht festlegen oder anketten. Diese Konstellation wird immer für ihre Freiheit kämpfen. Das sollte Frau wissen, wenn sie sich mit einem Mann einlässt, der diese Konstellation hat.

Venus/Uranus

Beim Mann

Die Venus erlebt der Mann nun meistens als Projektion. Mit Venus in Verbindung zu Uranus mag Mann Frauen, die individuell sind und die Freiheit lieben. Insbesondere in sexuellen Dingen mag man Experimente und Ungewöhnliches.

Mit Venus/Uranus ist ein großes Potenzial an Freiheit im Horoskop vorhanden. Mit der Venus sind dabei die Bereiche der Liebe und der Beziehungen angesprochen. Entweder ist es der Mann selbst, der sich nicht binden mag oder kann oder aber er erlebt diese Konstellation in der Projektion, in dem er eine Frau anzieht, die diese Eigenschaften verkörpert.

Bei der Frau

Frauen mit einer Verbindung von Venus und Uranus in ihrem Horoskop sind selbst sehr freiheitsliebend, individuell und unangepasst. Häufig sind sie in ihren Anschauungen und in ihrer Sexualität ihrer Zeit voraus. Manchmal ist es sogar ihre Aufgabe, überkommene Moralvorstellungen mit ihrem Verhalten deutlich zu machen.

Als Partner hat man dann ebenfalls damit zu tun. Entweder besteht im eigenen Horoskop eine dementsprechende Konstellation (z. B. Mars/Uranus) oder Mann muss lernen, damit zu leben.

Mars/Neptun

Beim Mann

Mars und Neptun sind nicht unbedingt miteinander kompatibel. Neptun hat etwas Auflösendes, so dass es Mars nicht leicht fällt, seine Energie zu bündeln. Mars/Neptun hat daher mehr mit Meditation und Selbstfindung zu tun, als damit „seinen Mann zu stehen“. Männer mit Mars in Verbindung zu

Neptun im Horoskop haben häufig Probleme mit der Durchsetzung und mit dem Prinzip der Männlichkeit. Manche Männer empfinden sich nicht als männlich, so dass auch Potenzprobleme auftreten können.
Als Partner braucht der Mann mit Mars/Neptun einen einfühlsamen Menschen, so dass die Durchsetzung kein großes Thema ist und mögliche Probleme in der Sexualität behutsam bearbeitet werden können.

Bei der Frau
Unsere Erfahrungen zeigen, dass auch die Konstellation Mars/Neptun häufig als Projektion erlebt wird. So ziehen Frauen mit dieser Verbindung im Horoskop gern Männer an, die in irgendeiner Weise Probleme haben. Mars/Neptun weist auf alle mögliche Fälle von sozialen Problemen hin, wie Drogensucht, Krankheit, Siechtum oder aber auch Probleme, die eigene Existenz zu sichern.
Natürlich fällt auch der Künstler sowie der spirituell suchende Mann unter Mars/Neptun. Als Partner besitzt der Mann mit Mars/Neptun ein gehöriges Maß an Sensibilität.

Venus/Neptun

Beim Mann
Das Suchbild eines Mannes mit einer Verbindung von Venus und Neptun im Horoskop ist die Undine, die Meerjungfrau, die etwas weltfremde Frau voller Gefühle und Sensibilität. Allerdings flieht Venus/Neptun auch gerne die Realität und Kardinaltugenden wie Treue, Zuverlässigkeit und Ehrlichkeit sind häufig nicht besonders stark angelegt.
Als Mann sollten wir uns mit dieser Stellung darum bemühen herauszufinden, was wir wirklich wollen. Hier kann sich Venus/Neptun als künstlerische Veranlagung zeigen oder als soziales Verhalten. Im mehr psychologischen Sinn möchte die Liebe des Mannes vielleicht nicht besonders irdisch werden und sucht sich daher eine Frau, die es auch nicht ist.

Bei der Frau
Im Horoskop der Frau kann Venus/Neptun einen romantischen verträumten Typ anzeigen, der vielleicht von der ganz großen Liebe träumt. Manchmal gibt es ein hartes Erwachen in der Realität, wenn ein erwählter Partner sich wieder nicht als der erhoffte Traumprinz herausstellt, sondern als ganz nor-

maler Mann. Das kann zu einer zunehmenden Desillusionierung führen. Dann kann es passieren, dass die Sehnsucht, die in der Verbindung von Venus und Neptun liegt, mit Drogen, Alkohol oder unnützen Liebschaften negativ ausgelebt wird.
Schön wäre es, wenn Frau einen Partner fände, der nicht nur ihr Ideal der romantischen Liebe teilt, sondern mit ihr gemeinsam auch höhere feinstoffliche Welten erforschen und ganz allgemein ein spirituelles Leben mit ihr führen würde.

Mars/Pluto

Beim Mann

Mars in Verbindung mit Pluto hat in der Astrologie einen üblen Ruf. Er soll für Gewalttätigkeit und Unbeherrschtheit stehen und in Einzelfällen mag es Männer mit dieser Konstellation im Horoskop geben, die diese Eigenschaften zeigen. In der Regel macht Pluto den Mars intensiv, geheimnisvoll, besessen. Mars/Pluto kann extrem leidenschaftlich sein und extrem sexuell. Der Partner kann als ausschließlicher Besitz betrachtet werden und die Beziehung als legaler Ort, die eigenen Gefühle und Obsessionen auszuleben.
Als Mann sollten wir konstruktive Wege suchen, diese machtvolle Konstellation so auszuleben, dass wir keine anderen Menschen und vor allem nicht unseren Partner bedrängen oder verletzen.

Bei der Frau

Was hat die Frau zu erwarten, wenn sich eine Verbindung von Mars und Pluto in ihrem Horoskop befindet? Wenn sie es in der Projektion lebt, wird sie einen Partner anziehen, der Mars/Pluto verkörpert. Wie diese Verkörperung konkret aussieht hat damit zu tun, welche Art von Erfahrungen die Frau sucht. Im schlimmsten Fall kann Mars/Pluto auf die tiefsten Unterwelten hinweisen. Gewalt, Unterdrückung, abnorme sexuelle Betätigungen, massive Eifersuchtsproblematik und übermächtige Besitzansprüche können der Fall sein.
Auf der positiven Seite sucht Frau im Mann Intensität, Leidenschaft und Magie. Mit Mars in Verbindung zu Pluto wird sie sicherlich all das bekommen.

Venus/Pluto

Beim Mann

Mit einer Verbindung von Venus und Pluto im Horoskop wird Wandlung in und durch die Liebe erfahren. Als Projektion sucht Mann eine Frau, die sehr intensiv ist und bereit, in der Beziehung und in der Liebe Tiefe zu leben. Andererseits kann Pluto auch Ängste symbolisieren, so dass es hier auch zur Angst vor Frauen allgemein oder vor starken Frauen im Speziellen geben kann.

Somit können Beziehungen mit Venus/Pluto angstbesetzt sein, aber auch die Chance bieten, an alten Mustern zu arbeiten, um damit die Tiefe, die Venus/Pluto anbietet, auch leben zu können.

Bei der Frau

Bei der Frau kommen immer auch grundsätzlich gleiche Themen zum Tragen wie beim Mann. Nur wird die Verbindung der Venus mit Pluto von der Frau direkter erfahren als bei Mars/Pluto, wo eine Verdrängung und Projektion leichter gelingt.

Die Frau mit einer Verbindung von Venus und Pluto im Horoskop will Intensität und tiefe Verbundenheit in Liebe, Sexualität und Beziehung leben.

Oder aber sie hat Angst davor. Diese Ängste können aus negativen frühkindlichen Prägungen herrühren und sie bedürfen der Bearbeitung.

Venus/Pluto weist darauf hin, dass wir Wandlung in unseren Beziehungen zulassen müssen, auch wenn der Drang stark ist, diese festzuhalten. Heilung und wahre Verbindung zum Partner kann aber nur dann entstehen, wenn wir tatsächlich bereit sind, wirklich loszulassen.

Von der Theorie zur Praxis und darüber hinaus

Die Kapitelüberschrift sagt es bereits aus. An dieser Stelle in unseren Ausführungen wollen wir uns einem konkreten Beispiel zuwenden. Wir haben theoretisch bereits eine Menge erfahren und wir wollen einiges davon in unserem Beispiel anwenden.

In der Theorie sind die Dinge meistens wohl geordnet. Sie widersprechen einander nicht. Die Stellungen der Venus werden beispielsweise nacheinander abgehandelt, ohne dass dabei andere Konstellationen mit berücksichtigt werden. In der Realität sieht das ganz anders aus. Hier finden wir selten eine eindeutige Stellung. Konstellationen und Bedeutungen vermischen sich und zum Teil gegensätzliche Inhalte verbinden sich im Horoskop. Hier beginnt dann tatsächlich **die Kunst der Deutung** in der Astrologie. Der Astrologe sollte die Dinge abwägen können. Er entscheidet, welche der angesprochenen Konstellationen wie zu bewerten ist und welche sich wohl durchsetzen wird.

Einen kleinen Einblick davon werden wir erhalten, wenn wir gemeinsam das folgende Beispiel betrachten. Im Anschluss an die Besprechung der Konstellationen von Anna und Karl folgt dann der mehr **spirituelle Teil dieses Buches**. Denn auch hier geht es uns tatsächlich um die Möglichkeiten der Erkenntnis und der damit verbundenen Befreiung durch gelebte und richtig verstandene Beziehungen. Diesen Dingen widmen wir uns nach dem Beispiel...

Ein Beispiel: „Anna und Karl"

Nachdem wir uns durch all die Theorie gearbeitet haben, ist es nun an der Zeit, ein Beispiel zu betrachten. Dafür haben wir ein heterosexuelles Paar ausgewählt, welches schon einige Zeit verheiratet ist. Mir sind die Personen bekannt, aber die Namen wurden aus Gründen der Anonymität geändert, die Frau nennen wir Anna, den Mann Karl.

Analyse des weiblichen Horoskops „Anna“

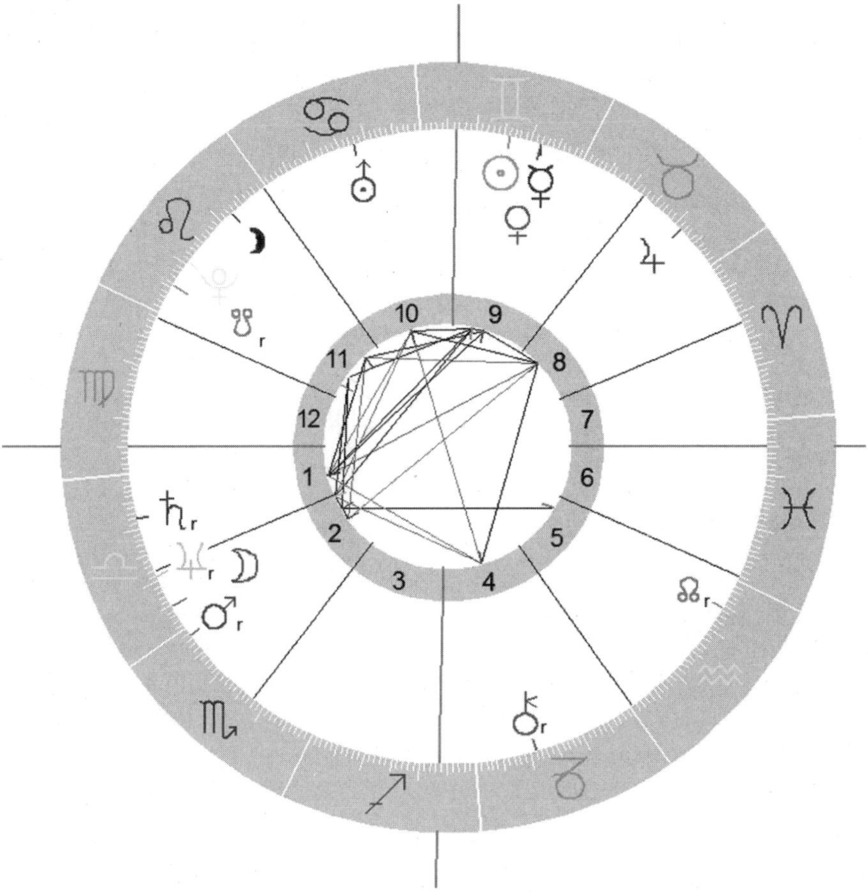

Horoskop Anna

Anna, geboren 1952, hat die **Sonne** in den Zwillingen, wie auch Merkur und Venus. Kommunikation und Kontakt sind ihr also sehr wichtig. Mit ihrer starken Besetzung (Sonne, Venus, Merkur) in ihrem neunten Haus strebt sie nach Erkenntnis und Einsicht, nach Erfahrungen und Horizonterweiterungen. Anna hat auch immer davon geträumt, weite Reisen zu unternehmen.

Ihr **Mond** in der Waage hat den Anspruch, all dies zusammen mit dem Partner zu machen. Da sich auch der **Mars** dicht am Mond, aber schon im Skorpion befindet, erhofft sie sich einen starken Partner, der ihr hilft, ihre Vorhaben in die Wirklichkeit zu bringen. Der **Mond** im zweiten Haus will Sicherheit, d.h. das innere Kind von Anna will Sicherheit und zwar durch den Partner. Der Partner ist symbolisiert durch das siebte Haus. Dieses liegt in den Fischen und wird daher Sicherheit nicht unbedingt mit sich bringen. Da aber Neptun als Herrscher des siebten Hauses auch im zweiten Haus steht, wird die Sicherheit dort erwartet. Wir werden bei der Analyse des Horoskops von Karl sehen, inwieweit er diese Sicherheit in die Beziehung einbringen kann.

Der **Aszendent** im Horoskop von Anna liegt in der Jungfrau. Der gegenüberliegende Deszendent symbolisiert den Partnerbezug. Menschen mit dem Aszendenten in der Jungfrau wollen Ordnung in ihr Leben bringen und sind eher rational ausgerichtet. Die Sehnsüchte richten sich daher im siebten Haus auf den Partner. Hier ist alle Rationalität vergessen. Die Beziehung soll Romantik, Erlösung und große Gefühle mit sich bringen. Unrealistische Erwartungen und ätherische Vorstellungen prägen das siebte Haus in den Fischen. Dagegen kann jede reale Partnerschaft nur verlieren, Desillusionierung und Ent-Täuschung sind daher die Regel. Erst mit zunehmendem Alter, Erfahrung und Reife können Menschen mit dem Aszendent in der Jungfrau ihre Erwartungen an Beziehungen an die Realität anpassen. Und so werden Beziehungen für diese Menschen eher im zunehmenden Alter glücklicher.

Den **Herrscher des siebten Hauses**, hier der Neptun im zweiten Haus, haben wir erwähnt. Ansonsten ist das siebte Haus unbesetzt. Also schauen wir uns jetzt die Stellungen von Venus und Mars etwas genauer an.

Die **Venus** befindet sich dicht bei der Sonne und bei Merkur in den Zwillingen und im neunten Haus. Man sagt, dass bei Venus in den Zwillingen die Liebe durch den Kopf geht. Kommunikation ist mit dieser Stellung nahezu alles. Ein Partner, mit dem Anna nicht kommunizieren kann, kann kein Partner für sie sein. Allerdings weist das siebte Haus in den Fischen auch auf nonverbalen Austausch hin. Hier erkennen wir einen Konflikt im Horoskop von Anna. Auf der einen Seite liebt sie die Kommunikation und das Philosophieren über alles, auf der anderen Seite sollen gerade ihre Beziehungen ihr helfen, auch einmal jenseits der Rationalität zu empfinden.

Der **Mars** befindet sich auch im zweiten Haus, was ein weiterer Hinweis darauf ist, dass über den Partner Sicherheit und eventuell auch materieller Wohlstand angestrebt wird. Der Mars steht aber auch im Skorpion, so dass ein Partner gesucht wird, der leidenschaftlich, intensiv und irgendwie magisch ist.

Kommen wir in der Analyse von Annas Horoskop abschließend noch einmal auf die **Sonne** zurück. Mit der Sonne in den Zwillingen ist Anna bewegt, interessiert, kommunikativ und gesellig. Obwohl ihre Sehnsucht nach einer erfüllenden Partnerschaft groß ist (Neptun), tut sich Anna mit der Bildung eines Heims und der Gründung einer Familie recht schwer. Schütze im vierten Haus mit Chiron zeigt eher Unruhe und Wanderlust an. Uranus im zehnten Haus sowie Pluto im elften Haus zeigen einen unangepassten und seine Freiheit liebenden Menschen.
Der Zwilling sucht in seinen Beziehungen eher den Kameraden. Für Anna gilt dies im Besonderen.

Blicken wir nun einmal auf das Horoskop von Karl.

Analyse des Horoskops von Karl

Karl, geboren 1949 in Hamburg, hat die Sonne im Krebs im elften Haus, den Mond im Löwen im 12. Haus und den Aszendenten ebenfalls im Löwen.
Karl ist und war immer ein sehr emotionaler Mensch und er hat sich eine Familie gewünscht. Doch haben sich hier häufig Probleme ergeben und Karl musste über zum Teil schwierige Erfahrungen (Saturn im ersten Haus) lernen, dass auch er viel Freiraum (Sonne mit Uranus im elften Haus) benötigt.

Mit dem **Mond im Löwen** braucht Karl viel Bestätigung und als typischer Vertreter seines Jahrganges suchte er die Bedürfnisse seines Mondes beim anderen Geschlecht zu befriedigen.

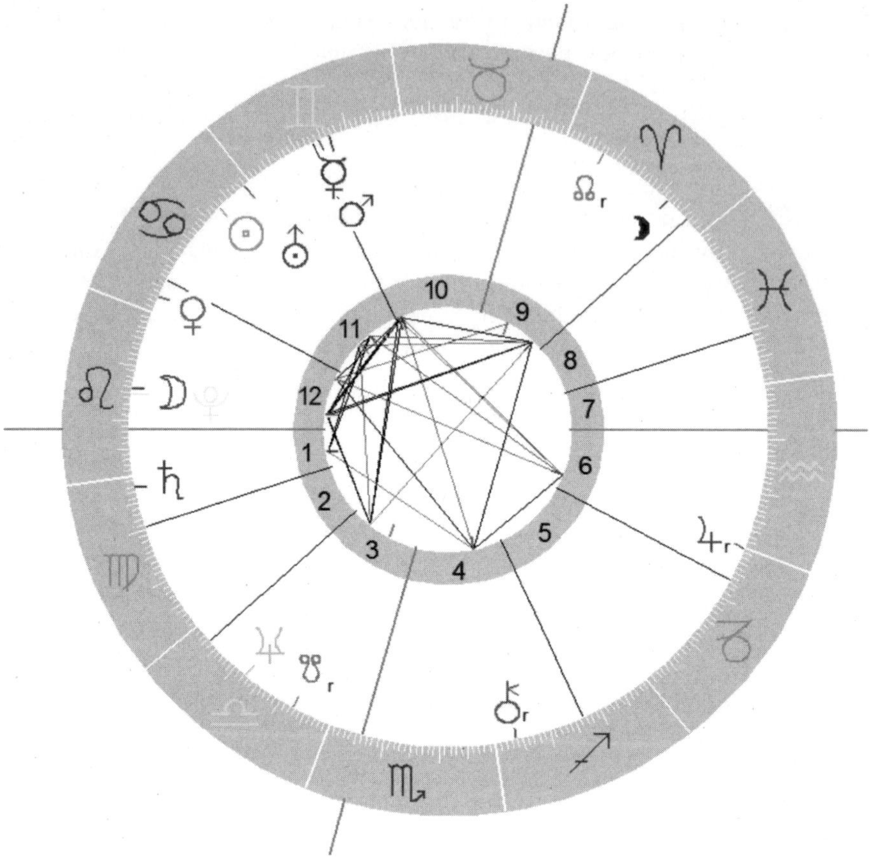

Horoskop von Karl

Doch da der Mond in Verbindung zum Pluto steht, hat Karl auch häufig Ablehnung und Unverständnis bei den Frauen erfahren. Mit der Konjunktion von Mond und Pluto im zwölften Haus war ihm dieser Komplex lange Zeit unbewusst. Sein Mond braucht eine starke selbstbewusste Frau, die weiß, was sie will. Sie muss aber auch sensibel und spirituell sein.
Der **Aszendent** von Karl ist auch im Löwen, so dass er seiner Umwelt eine starke Persönlichkeit zeigt, die aber nach innen doch sehr empfindlich und sensibel ist. Damit einher geht ein siebtes Haus im Wassermann, so dass die Beziehung von gegenseitigem Freiraum und Toleranz sowie von geistigem Austausch geprägt sein soll. Der Herrscher seines siebten Hauses, Uranus,

steht dicht bei der Sonne im elften Haus. Diese Position von Sonne und Uranus erhöht noch einmal den Freiheitsdrang.

Karl hat seinen **Mars** in Konjunktion mit Merkur in den Zwillingen an der Spitze des elften Hauses. Dies zeigt ganz deutlich seine intellektuelle Ausrichtung. Damit haben wir in Karl eine wirklich vielschichtige Persönlichkeit. Diese setzt sich zusammen aus hoher Emotionalität, geprägt durch die Sonne im Krebs und den Mond im Löwen, gepaart mit teilweiser Zurückhaltung (Saturn in 1) und der Kompensation im Geistigen (Mars K Merkur in Zwillinge in 11). Als Mann wird sich Karl also mehr durch seinen Geist, durch seine Brillanz und seinen Hang zur Unabhängigkeit präsentieren, als durch irgendetwas anderes.

Seine **Venus** steht dagegen im Krebs im zwölften Haus und ist sehr emotional geprägt. Die Liebe soll seiner Meinung nach romantisch sein, die Frau weich, hingabefähig und unauffällig. Diese Stellung widerspricht der Stellung des Mondes im Löwen, der mehr die unabhängig starke Frau symbolisiert. Auf eine der beiden Prägungen muss Karl normalerweise bei der Frau verzichten, denn wie kann jemand gleichzeitig selbstbewusst und schüchtern sein?! Auch aus diesem Grund gingen die Beziehungen von Karl in der Vergangenheit meistens nicht lange gut. Das änderte sich erst, als Karl Anna kennen lernte.

Im Folgenden wollen wir uns nun dem Horoskopvergleich zuwenden. Wir beginnen mit der Synastrie, dem direkten Vergleich der Horoskope.

Horoskopvergleich „Anna“ und „Karl“

Wie in unserem Text wollen wir den Horoskopvergleich ganz klassisch damit beginnen, dass wir tatsächlich die Positionen der Sonne in den beiden Horoskopen vergleichen.
Die Sonne von Karl steht im Krebs und die von Anna in den Zwillingen. Wir haben dazu im Kapitel „Verhältnisse im Tierkreis“ geschrieben:
„Oft genug haben wir erwähnt, dass sich Zeichen fremd sind, die im Tierkreis nebeneinander liegen. Der **Zwilling** empfindet die Schwere und Unbeweglichkeit des Krebses als belastend. Er geht mehr locker an das Leben heran. Beide Zeichen verstehen einander nicht, weil sie unterschiedliche Sprachen sprechen.

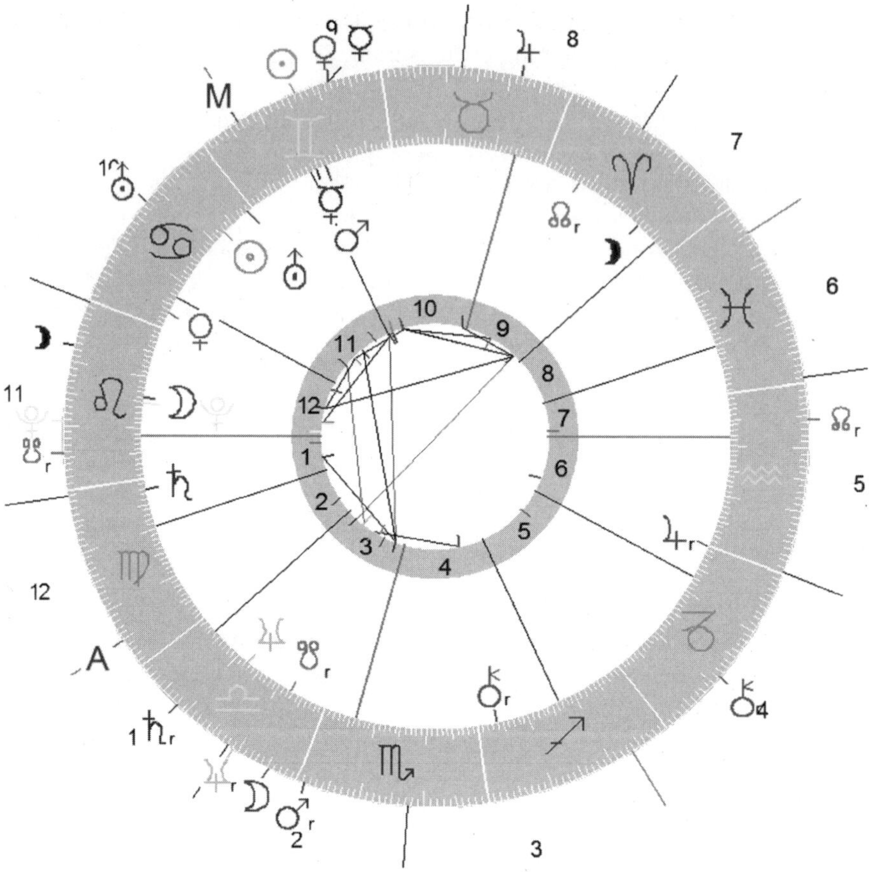

Horoskopvergleich Anna (außen) und Karl (innen)

Der Krebs spricht die Sprache der Gefühle und der Zwilling die der Gedanken. Da sich der Krebs in Worten oft nicht genügend äußert, ist es für den Zwilling sehr schwer, dessen Beweggründe und dessen Verhalten nachzuvollziehen. Der Krebs kennt den Zwilling, weil er ihm im Tierkreis folgt" (aus Sicht des Krebses).

Und:
„Ähnliche Schwierigkeiten wie mit dem Stier erwartet den Zwilling auch mit dem **Krebs**. Dieser ist introvertiert und auf seine Gefühle hin ausgerichtet, während der Zwilling extrovertiert ist und sich mehr um die mentalen

Dinge kümmert. Die Bindung an das Heim und die Familie ist dem Krebs sehr wichtig, der Zwilling braucht aber gerade seine Bewegungsfreiheit, um seiner Aufgabe, dem Sammeln von Informationen, nachgehen zu können. Wie finden hier also auch eine starke Unterschiedlichkeit, die eine enge Beziehung unter Umständen sehr schwierig werden lassen kann" (aus der Sicht des Zwillings).

Wir sehen hier also, dass die **Positionen der Sonnen** in den Zeichen eher schwierig sind. Diese Schwierigkeiten werden aber etwas aufgehoben durch die Hausbesetzungen. Sowohl die Position der Sonne von Anna im neunten Haus, wie auch die von Karl im elften Haus deuten auf ihren jeweiligen Wunsch nach Erweiterung hin. Insbesondere der starke Einfluss des Uranus in Karls Horoskop macht eine vom Zwilling betonte Frau für ihn aus mehreren Gründen interessant. Zum einen engen die Zwillinge ihren Partner meistens nicht ein, und zum anderen besteht eine besondere Affinität zum Wassermann (Analogie Wassermann – elftes Haus – Uranus).
Mit ihrer Verbindung von Mond und Neptun in der Waage sollte Anna genug Sensibilität haben für Karls Krebs-Sonne.

Wie schaut es aus mit dem **Vergleich der Monde**? Karls Mond steht im Löwen im zwölften Haus in Konjunktion zu Pluto. Annas Mond steht in der Waage im zweiten Haus in Konjunktion zu Neptun. Auch hier haben wir wieder eine analoge Verbindung. Mond im zwölften Haus (Karl) und Mond/Neptun (Anna) sind in einer analogen Beziehung (Fische – Neptun – zwölftes Haus) zueinander.

Anmerkung:
Diese analogen Verbindungen in der Astrologie lassen sich nicht oder nur sehr schwer statistisch erfassen. Auch dies ist ein Grund dafür, warum das Werkzeug der Statistik auf die Astrologie nicht oder nur schwer anwendbar ist.

Zurück zu den Monden: Waage (Mond/Anna) harmoniert mit Löwe (Mond/Karl). Den starken Neptun-Bezug in Karls Horoskop kann Anna (Mond Konjunktion Neptun) abdecken, und mit ihrem Mars im Skorpion sucht Anna beim Mann auch eine gewisse Pluto-Schwingung, die wiederum Karl im Horoskop hat (Mond Konjunktion Pluto).
Mit zunehmendem Alter hat es Karl gelernt, seine Launen (Sonne/Krebs, Venus/Krebs) und seine zum Teil dunklen Gefühlswallungen (Pluto) mit sich selbst auszumachen. Sowohl Anna wie auch Karl haben Dank des Saturns im ersten Haus gelernt, mit ihren Problemen bei sich zu bleiben. Sa-

turn im ersten Haus ist eine Stellung, die in der Jugend sicherlich schwerer zu leben ist als im Alter.
Ein weiteres Plus im Horoskopvergleich von Anna und Karl ist die Kommunikation. Mars/Merkur in den Zwillingen bei Karl treffen direkt auf Sonne und Venus von Anna. Die Konjunktion von Mars (Karl) und Sonne (Anna), aber vor allem die von Mars (Karl) und Venus (Anna) gilt als klassischer Liebesaspekt. Etwas, was sich hier bewahrheitet hat.
Der Mars im Skorpion im Horoskop von Anna kann sich sehr mit einem Mann anfreunden, der die Sonne im Krebs hat und den Mond in Konjunktion mit Pluto.

Wir sehen also, dass sehr wohl die verschiedenen Bereiche in den Horoskopen von Anna und Karl vom anderen angesprochen oder sogar befriedigt werden. Dies gelingt ihnen aber nur deshalb, weil beide schon älter sind, sowie mit Saturn im ersten Haus gelernt haben, mit sich selbst klar zu kommen und die Projektionen ihrer unbewussteren Teile auf den Partner zu unterlassen.

Das Horoskop zum Zeitpunkt ihres Kennenlernens

Beide können sich gut an den Zeitpunkt erinnern, an dem sie sich kennen gelernt haben – es war auf einer Party. Beide waren glücklicherweise zu diesem Zeitpunkt Single. Sie kamen sofort in ein anregendes Gespräch (kein Wunder bei den Horoskopen) und verliebten sich noch am gleichen Abend ineinander.

Das Horoskop zeigt mit dem Aszendenten in der Waage und der Sonne im Wassermann das Überwiegen des Luft-Elements und zeigt den Beginn der Beziehung durch die Kommunikation. Der stark emotionale Charakter der Verbindung deutet sich durch Mond und Venus in den Fischen an. Dass dieser Charakter durchaus lustvoll war, zeigt deren Position im fünften Haus.

Anmerkung:
Leider kann sich nicht jeder von uns ein Kennenlernen-Horoskop berechnen, weil nicht jeder von uns die genaue Zeit des Kennenlernens weiß oder eben auch nicht festlegen kann, wann aus der Begegnung etwas anderes wurde. Wenn wir aber die Zeit des Kennenlernens wissen, sollten wir die Gelegenheit nutzen und dieses stark aussagefähige Horoskop berechnen.

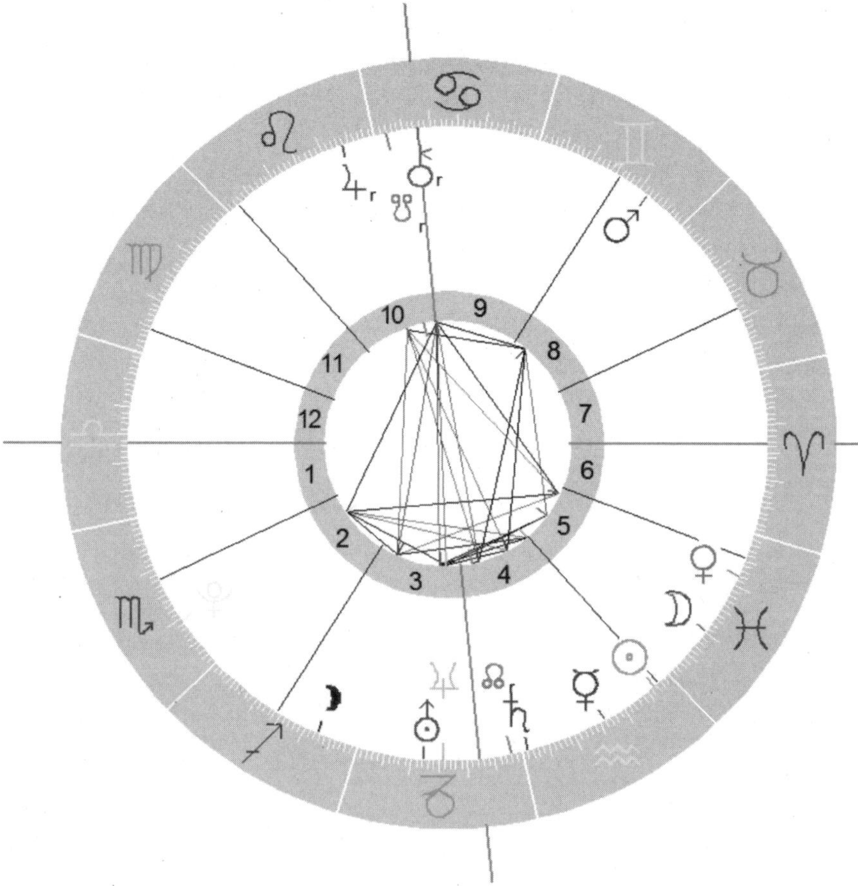

Horoskop von Anna und Karl zum Zeitpunkt ihres Kennenlernens

Zeigt uns dieses Horoskop denn auch schon mögliche Störungen in der Verbindung zwischen Anna und Karl? Ja, denn der Pluto im zweiten Haus im weiten Quadrat zur Sonne zeigt die Verschiedenheit von Anna und Karl im Umgang mit Geld und Besitz. Karl als Krebs ist Sammler, liebt Gegenstände und ist ansonsten eher sparsam. Anna als Zwilling liebt Reisen, gibt eher Geld für Erlebnisse aus und kann mit ihrem Geld manchmal nicht gut haushalten.

Da beide schon älter waren, als sie sich kennen lernten, hielten sie ihre Börsen getrennt. Auch ein gemeinsames Wohnen (Saturn im vierten Haus des

Kennenlernen-Horoskops) haben sie erst nach einigen Jahren umgesetzt und in ihrem gemeinsamen Haus haben beide getrennte Wohnbereiche.

Das Combin

Nachdem wir uns die Konstellationen angesehen haben zum Zeitpunkt des Kennenlernens, wollen wir uns nun zwei Techniken zuwenden, die aus zwei einzelnen Horoskopen ein gemeinsames machen können.

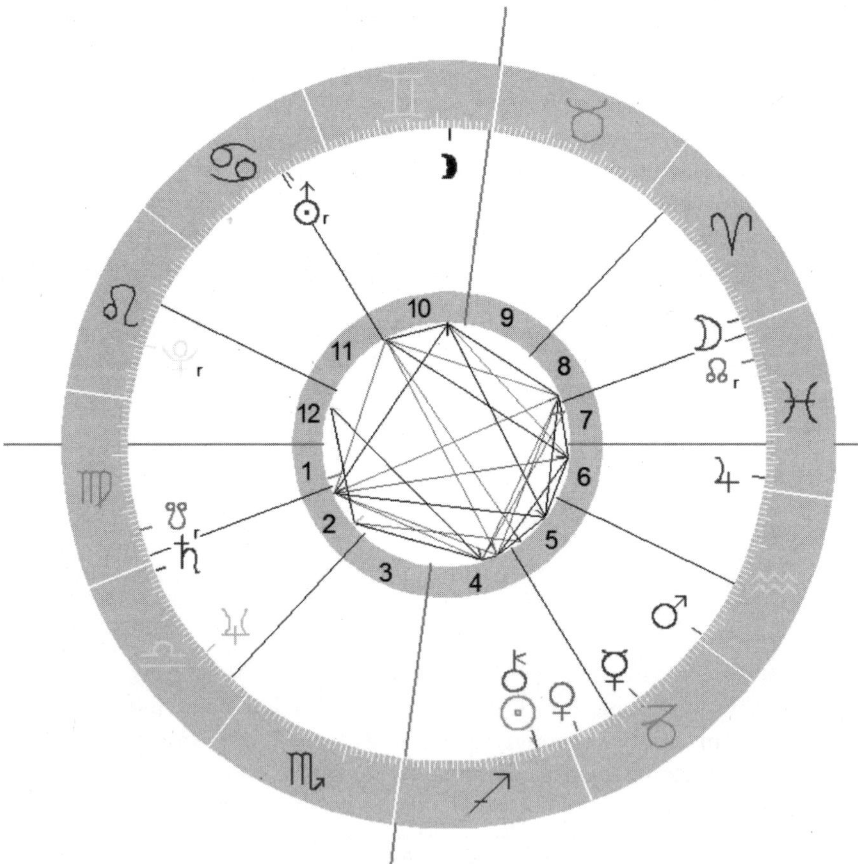

Combin Anna und Karl

Die **Technik des Combin** nimmt den Mittelpunkt der Geburtszeiten und errechnet daraus ein neues Horoskop. Dieses neue Horoskop beschreibt die Beziehung, in diesem Fall von Anna und Karl. Es ist jedoch nicht mehr zu verwenden, um die Konstellationen der einzelnen Personen zu erfahren.

Das Combin weist auf einige Dinge hin, an denen Anna und Karl zu arbeiten haben. Der Aszendent in der Jungfrau symbolisiert Ordnung, Vorsicht und Umsicht für die Beziehung. Der Mond in Opposition zu Saturn im Widder verdeutlicht, dass die Gefühle zwar stark sind, an ihrem Ausdruck aber gearbeitet werden muss. In der Beziehung muss der Gefühlsaustausch gelernt werden.
Die Sonne im vierten Haus zeigt die Wichtigkeit, die gemeinsame Wohnsituation zu klären. Die Konjunktion der Sonne mit Chiron ist sehr aufschlussreich, denn Anna und Karl haben ja länger gebraucht, bis sie zusammengezogen sind.

Anmerkung:
Es ist uns immer wieder aufgefallen, dass das Combin die eher schwierigen Themen einer Verbindung verdeutlicht. Wir sehen das Leben als andauernden Lernprozess. Damit sind auch die Beziehungen des Lebens als Lernaufgaben zu verstehen. Lernen tun wir nur, wenn es schwierig ist. So gesehen können wir froh sein, dass uns das Combin die Lernaufgaben der Beziehungen deutlich macht.

Das Combin zeigt Anna und Karl ganz klar die Aufgabe, die sie beide als Paar haben. Zusammengefasst lautet sie, dass sie sich als Paar wirklich aufeinander beziehen sollen. Dazu sind Einschränkungen des individuellen Gefühls notwendig (Mond Opposition Saturn), sie müssen dafür eine gewisse Ordnung anstreben (AC Jungfrau) und in Gefühl und Zuhause zusammenfinden (Sonne im vierten Haus). Das übergeordnete Ziel der Beziehung wird durch den MC als Spitze des zehnten Hauses symbolisiert. Dieser befindet sich gerade schon in den Zwillingen. Es geht hier also um Kommunikation, das Verteilen von Informationen und um Unterscheidungsfähigkeit.

Vielleicht besteht ja ein höherer Zweck in der Verbindung zwischen Anna und Karl darin, dass sie gemeinsam besser daran arbeiten können, die Kunst der Unterscheidungsfähigkeit zu üben.

Das Composit

Zum Schluss der Ausführungen zu unserem Beispiel werfen wir noch einen Blick auf das so genannte Composit.

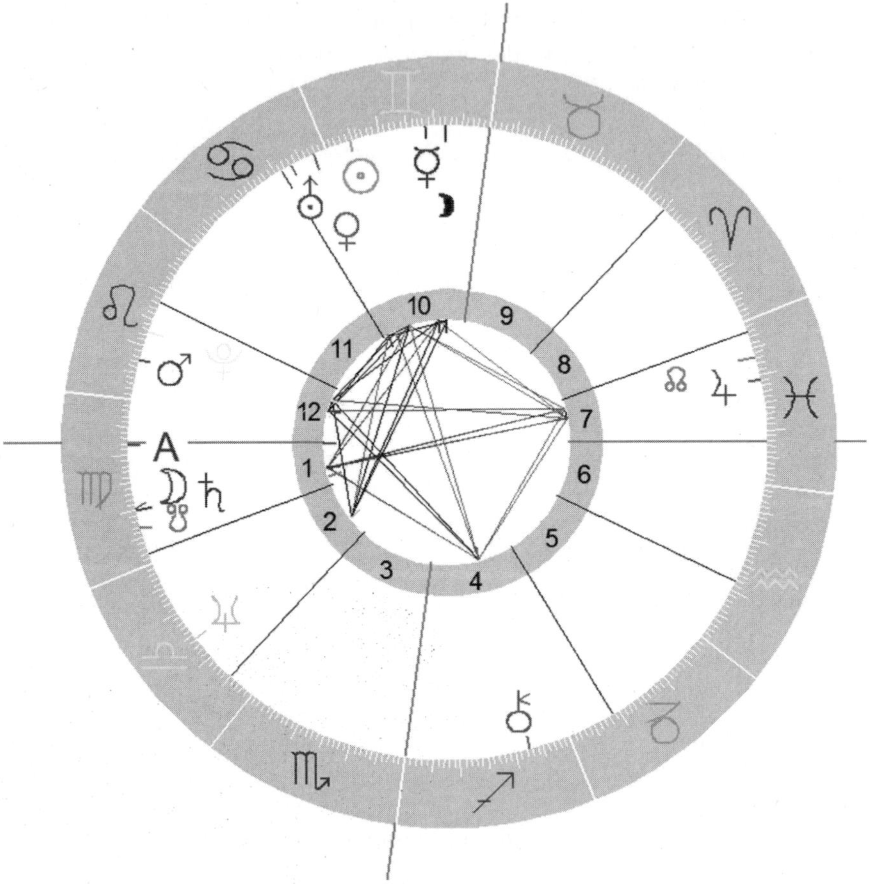

Composit Anna und Karl

Interessanterweise finden wir auch im Composit einen Aszendenten in der Jungfrau. Im Gegensatz zum Combin ist das Composit ein künstliches Horoskop. Es werden die jeweiligen Halbsummen der Faktoren der einzelnen Horoskope gebildet und zu einem neuen Horoskop, dem Composit, zusammengesetzt. Da sich dieses Horoskop aus den Schnittpunkten ergibt, gehen hier tatsächlich die beiden einzelnen Horoskope mit ein.

Die sehr starke Betonung des Zeichens Zwillinge zeigt auch hier die absolute Wichtigkeit der Kommunikation in der Beziehung von Anna und Karl.
Mit der Konjunktion von Mond und Saturn in der Jungfrau im ersten Haus ist es klar, dass an den Gefühlen gearbeitet werden muss. Die starke Betonung der Jungfrau deutet darauf hin, dass die Beziehung ein Mindestmaß an Ordnung und Struktur braucht.
Mars in Konjunktion mit Pluto im zwölften Haus zeigt, dass beide am Unbewussten zu arbeiten haben.

Resumee
Mit diesem Beispiel haben wir gezeigt, inwieweit die verschiedenen Methoden eine Beziehung zu analysieren zusammenwirken können. Ganz im Vordergrund steht immer die Analyse der einzelnen Horoskope und von daher ist der Beziehungsvergleich, die Synastrie, am aussagekräftigsten. Auffallend ist aber auch, wie ähnlich die Aussagen der drei Horoskope sind, die für die Beziehung herangezogen wurden.

In den nächsten Kapiteln wird es uns darum gehen, auf die mehr spirituellen Aspekte von Beziehungen einzugehen. Dabei werden wir auch bestimmte Aspekte der buddhistischen Lehre mit berücksichtigen.

Der buddhistisch-spirituelle Aspekt von Beziehungen

Alles in unserem Leben dient dem höheren Zweck, uns zum Aufwachen zu verhelfen. Wir unterliegen einer großen Täuschung, was unsere wahre Natur ausmacht. Wir leben in einer Illusionswelt, der Maya, wie es im Hinduismus heißt. Aus spiritueller Sicht gesehen geht es im Leben darum, sich dieser Illusion bewusst zu werden und aufzuhören, irgendwelchen Phantomen nachzujagen.

Es gibt dabei viele Möglichkeiten, die uns helfen können, unsere wahre Natur zu erkennen. Eine wirklich effektive Art zunehmendes Bewusstsein zu erlangen bieten uns auch unsere Beziehungen.

Unsere Beziehungen halten uns einen Spiegel vor, worin wir erkennen, wo sich unsere dunklen Flecken befinden. Dadurch wird uns bewusst, woran wir arbeiten können. Durch die Bearbeitung unserer Schattenanteile lösen wir unsere Verhaftungen immer mehr auf. Besonders starke Verhaftungen zeigen sich beispielsweise in Verdrängungen und in irrationalen Ängsten. Gerade diese Anteile können wir sehr gut in unseren Beziehungen beobachten. Denn es ist doch verwunderlich, wie schnell sich starke Verliebtheit und die damit verbundene Idealisierung des Partners in Abneigung, Ablehnung und Konfrontation verwandeln kann. Das liegt eben daran, dass unser Partner uns unsere unbewussten und zum Teil schmerzhaften Anteile deutlich macht. Statt diese nun anzuschauen und an ihnen zu arbeiten, lehnen wir den Partner dafür ab. Das erinnert daran, dass häufig der Bote schlechter Nachrichten bestraft wird, obwohl er diese nicht geschaffen hat, sondern nur überbringt.

Der Buddha hat uns **fünf grundlegende Übungen** gegeben, um an der Verfeinerung unseres Charakters zu arbeiten. Nach altem Verständnis werden diese Übungen Tugendregeln oder auch Shilas genannt.

Die fünf Tugendregeln (Shilas) lauten:

1. Vermeiden von Töten in jeglicher Hinsicht
2. Nicht Gegebenes nicht nehmen
3. Vermeiden von unerlaubter oder ethisch nicht korrekter sexueller Betätigung
4. Vermeiden von unrechter Rede
5. Vermeiden vom Genuss berauschender Mittel

Eine der fünf Tugendregeln beschäftigt sich also auch mit der **Sexualität** und es wird empfohlen, sich jeglicher aggressiver und unerwünschter Sexualität zu enthalten. Gerade wenn wir andere mit unseren Trieben und unserem Verlangen belästigen, erzeugen wir so genanntes schlechtes Karma, welches uns tiefer in den Daseinsprozess hineinzieht. Wenn wir uns demnach darin üben, uns negativer Verhaltweisen – beispielsweise in der Sexualität oder in Wort und Tat – zu enthalten, dann geht damit eine Verminderung unseres Karmas einher.

Sich dem Üblen enthalten und das Gute üben, das hat der Buddha empfohlen. Wo können wir das besser üben als in unseren Beziehungen ...

Der Buddhismus legt besonderen Wert auf die **Absicht**, mit der wir etwas tun. Immer wieder in allen möglichen alltäglichen Situationen können wir unsere Absicht ergründen. Wenn unsere Absicht darin besteht, etwas Positives bewirken zu wollen, so sollten wir uns bemühen, auch dahin gehend aktiv zu werden. Sollten wir allerdings erkennen müssen, dass unsere Absicht dahin zielt, den oder die anderen zu verletzen, unnötig zu kritisieren oder sogar zu schmähen, dann können wir in diesem Moment noch innehalten und aus unserer Absicht keine Tat entstehen lassen.

Um solcherart Betrachtungen anstellen zu können, vor allem in der kurzen Zeit zwischen dem Aufkommen der Absicht und der Umsetzung in Wort oder Tat, ist es notwendig, eine starke **innere Achtsamkeit** entwickelt zu haben. Diese Achtsamkeit nutzen wir für unsere Aufmerksamkeit, nutzen wir zur Einsicht, zum Erkennen unserer inneren Prozesse, zur Selbsterkenntnis. Im Grade hoher persönlicher Verwirklichung kann eventuell sogar der unpersönliche Charakter dieser Vorgänge erkannt werden. Dieses ist dann die Erkenntnis, die in die Wahrnehmung der Wirklichkeit ohne ein alles bestimmendes Ich führt.

So können unsere Beziehungen uns dahingehend „Stoff“ oder Material liefern, was uns helfen kann, um aufzuwachen. In diesem Sinne führen uns unsere Beziehungen nicht weg vom spirituellen Leben, sondern weisen uns sogar den Weg dorthin.

Als nächstes wollen wir uns einige Aspekte anschauen, die zu dem Bereich der Beziehungen dazu gehören und häufig mit Leid verbunden sind oder uns Schwierigkeiten bereiten. Beginnen wir mit der Eifersucht.

Eifersucht

Wie in allen Dingen, die uns und unsere Beziehungen belasten, ist auch in der Eifersucht eine Illusion verborgen. Die Illusion besteht darin, dass wir meinen, dass die Eifersucht wegen dem anderen Menschen (unserem Partner) vorhanden ist und dass sie wenig mit uns selbst zu tun hat. So sind häufig unsere Gedanken. Es sind auch unsere Gedanken, die die Illusion der Trennung zwischen uns und unserem Partner erst erzeugen. Aus spiritueller Sicht heraus können wir uns sogar fragen, ob es überhaupt einen anderen gibt ...?

Die Eifersucht entsteht in uns, sie kommt also aus uns heraus und wir können daran erkennen, dass unsere Gefühle immer unsere eigenen Gefühle sind, auch wenn sie sich auf einen anderen richten. Wir können uns die Frage stellen: wer hat es zuerst gefühlt? Oder: wer hat es zuerst gedacht? Da die grundlegende Empfindung zuerst bei uns ist, haben wir auch den Keim dazu selbst hervorgebracht. Damit sind wir auch verantwortlich dafür. Wenn wir demnach in unserer Eifersucht, in unserem Zorn oder in unserer Verletztheit auf den oder die andere losgehen, dann begehen wir ein Unrecht. Und wir erzeugen negatives Karma. Ohnehin fallen die Resultate unserer Handlungen und unserer Reden auf uns selbst zurück. Wenn wir achtsam sind, können wir die Mechanismen von Ursache und Wirkung, also dem Karma-Gesetz, überall beobachten.

Wir sollten uns bemühen zu erkennen, dass der andere Mensch, dass unser Partner nur ein Spiegel für uns ist, in dem wir unsere Eifersucht, unsere Wut, unser Empfinden ungerecht behandelt zu werden oder unser Gefühl zu wenig zu bekommen, erkennen. All dies sind nur Spiegelbilder unserer eigenen Gefühle.

Wenn wir uns fragen, was wir denn mit unseren **Gefühlen** machen sollen, vor allem mit den schwierigen oder schmerzhaften, dann sollten wir uns auf das Natürliche, auf das Einfache besinnen. Gefühle wollen gefühlt werden. Dabei ist es unwesentlich, wie sie dabei interpretiert werden, sondern wichtig ist, das sie als das von uns wahrgenommen werden, was sie sind. Wenn wir die Dinge in uns wieder in ihre natürliche Ordnung bringen, dann kommt auch die Welt wieder in Ordnung. Wenn wir in Ordnung kommen – und dabei kann uns die Astrologie exzellent helfen – dann kommen unsere Beziehungen in Ordnung.

Wenn unsere Beziehungen in Ordnung kommen, dann sind es auch unsere Familien. Die **Familie** in ihrer natürlichen Eingebundenheit in ihre Sippe, Gruppe, Bezugsgruppe, Gemeinschaft oder wie auch immer, bildet die nächstgrößere **Einheit**, jene, die den Kern einer **Siedlung** darstellen kann. Diese Ordnung kann es im Idealfall bewirken, dass die Siedlung oder das Dorf oder allgemein die Gemeinschaft als eine Gruppe von Menschen und Tieren miteinander im Gleichgewicht mit der sie umgebenden Natur lebt.

Die Ereignisse der „äußeren" Welt (wie beispielsweise die Eifersucht) können wir als Botschaften für uns verstehen, denn ansonsten kämen diese gar nicht zu uns. Damit erhalten wir die Gelegenheit, anhand der Ereignisse (und unseren Gefühlen dazu) zu üben, **bei uns zu bleiben**.
Bleiben wir mit unseren Gefühlen bei uns, dann vermeiden wir es, üble Gedanken auszusprechen und üble Handlungen zu begehen. Wir vermeiden es, neues Karma entstehen zu lassen. Im Gegenteil können wir uns darum bemühen, unseren ebenso wie wir leidenden Mitmenschen gegenüber Mitgefühl aufzubringen.

Wenn ich beispielsweise eifersüchtig bin auf meine Freundin, dann erkenne ich, dass es da in mir ein Gefühl gibt, was wahrgenommen und gefühlt werden will. Das Leiden von mir an meinem Gefühl erfüllt mich immer mehr mit Mitgefühl für all die Menschen, denen es so ergeht wie mir. Wenn ich geübt bin, meine Gefühle zu fühlen und nicht mehr gezwungen bin, auf sie zu reagieren, dann kann ich schneller aktiv werden. Aus meinem Mitgefühl gespeist kann es mir dann möglich sein, konstruktiv und hilfreich tätig zu werden.

Auch wenn es uns weit hergeholt erscheint, können wir uns in der Entwicklung der oben geschilderten Eigenschaften üben. Das gleiche **Ego**, das uns einredet, dass der andere an unseren negativen Gefühlen Schuld ist, möchte uns auch jetzt blenden, so dass wir nicht erkennen, was es mit uns selbst zu tun hat. Zum Beispiel denken wir, wenn sie dieses oder jenes nicht gemacht hätte, dann wäre ich auch nicht eifersüchtig auf sie.

Ist es eigentlich so, dass wir diese Gedanken selbst denken oder haben sich einmal angelegte Strukturen verselbstständigt? Was wir deutlich beobachten können ist, dass sich bestimmte Muster ständig wiederholen. Das zugegeben komplexe Gewinde von Mustern macht den Eindruck, als ob es eigenständig sei und als könne es unabhängig von der weiteren Welt existieren. So funktionieren die Mechanismen des Egos.

Aber wir sollten jetzt nicht den Fehler begehen und auf unser Ego wütend oder sauer sein, denn damit würden wir ihm nur zusätzliche Energie geben und dem Ego wiederum eine Existenz verschaffen, die es gar nicht hat.

Analog können wir uns fragen, ob wir denn ebenso wie auf ein inneres Muster von uns, auch auf ein Programm in unserem Computer wütend sind. Wenn uns im Computer ein Programm oder eine Anwendung nicht gefällt, dann löschen wir sie oder ersetzen sie durch eine bessere Version. Das gleiche können wir auch mit unseren Denkmustern machen. Hier kann uns die Kenntnis unseres Horoskops und der Astrologie helfen. Wenn wir die Stellung des **Merkurs** untersuchen, können wir auf Informationen stoßen, die uns helfen, unsere Denkmuster zu verstehen und wir können Wege finden, diese grundlegend zu verändern.

Wir Menschen – und es kann gar nicht oft genug gesagt werden – sind **multidimensionale** Wesen und wir brauchen auch multidimensionale Pläne und Ansätze, wenn wir uns verstehen wollen und wenn wir in uns Änderungen bewirken wollen.

Der Vergleich der uns belastenden Muster mit Funktionen in Computern können wir mehr als **psychologischen Ansatz** verstehen, während die Entwicklung von Mitgefühl anstelle von Eifersucht der **spirituelle Ansatz** darstellt. Beide müssen sich gegenseitig unterstützen, gegebenenfalls gegenseitig befruchten, um ein wirklich **ganzheitliches Ergebnis** zu erzielen.

Unsere ständige **Selbstbezogenheit** können wir auch daran erkennen, dass es uns sogar in der Anwendung der Astrologie meistens darauf ankommt, was eine Konstellation mit uns zu tun hat, anstatt Interesse dafür zu entwickeln, was etwas wirklich bedeutet.
Wenn beispielsweise die laufende Sonne im Skorpion auf die Venus trifft, welche rückläufig ist, dann fragen wir uns, ob uns diese Stellung selbst betrifft. Wir rechnen die betreffenden Gradzahlen in unser Horoskop hinein und schauen, was mit uns passiert.

Natürlich ist diese Vorgehensweise wichtig für die Entwicklung unserer Selbsterkenntnis und kann von daher auch positive Erkenntnisse mit sich bringen, aber sie zeigt eben doch ganz klar unsere starke Selbstbezogenheit. In die gleiche Richtung weisen Eifersucht und ähnliche Gefühle, auch sie machen die Fixierung auf uns selbst deutlich.

Ist Eifersucht ein Gefühl, was uns quälen oder regelrecht verrückt machen kann, so verdeutlicht das nächste Kapitel die Auswirkungen, wenn wir konkret etwas tun, was unseren Partner verletzt und ihn zu Recht eifersüchtig macht.

Betrügen oder Fremdgehen

Schon in den Wortstämmen stecken Anhaltspunkte für die Erkenntnis, worum es beim „Betrügen" und beim „Fremdgehen" wirklich geht. In „Betrügen" steckt Trug, wie trügerisch oder verschwommen, und im Begriff „Fremdgehen" ist es noch eindeutiger; hier finden wir direkt das Attribut „Fremd". Fremd wie unvertraut. Frei übersetzt können wir beim „Fremdgehen" also davon sprechen, dass wir damit uns vom Vertrauen weg bewegen. Im Grunde missbrauchen wir, wenn wir „fremdgehen", das Vertrauen unseres Partners.

Wenn wir der Lehre des Buddha folgen, dann fügen wir mit dem „Betrügen" jemand anderem Leid zu. Dieser Jemand ist sogar ein Mensch, mit dem wir Gefühle teilen oder geteilt haben oder mit dem wir sogar einen Teil unseres Lebens verbracht haben. Und warum tun wir so etwas? Aus Lust, aus Selbstbestätigung, aus Langeweile, aus Begehren!

Wie sagt der Buddha ganz richtig: „Gier, Hass und Verblendung sind die Wurzeln allen Übels." Nur weil wir unsere Gier, unseren Trieb, unsere Sexualität nicht im Griff haben, muss zumindest ein anderer Mensch leiden.
Unser eigenes Leiden kommt meistens später, wenn wir zum einen erkennen, was wir da angerichtet haben und wenn **das Gesetz des Karmas** zum Tragen kommt. Keine Ursache verbleibt auf Dauer ohne Wirkung. Jemanden zu betrügen ist eine karmische Tat, die ihre Folgen auch in unserer Existenz zeigen wird.

Wir schreiben dies hier nicht, um uns mit dem erhobenen Zeigefinger als moralische Instanz aufzuspielen, nein, es geht uns lediglich darum, Erkenntnisse zu vermitteln und Zusammenhänge aufzuzeigen. Auch in der Bibel gehört die Vermeidung des Ehebruchs zu den zehn Geboten Moses.

Was können wir in diesem Fall tun? Wenn in uns starkes Begehren aufkommt, dann sollten wir eben nicht sofort reagieren, sondern achtsam und bewusst feststellen, welche Emotionen uns gerade bewegen und ob wir auf diese wirklich reagieren wollen. Mit reifer Überlegung können wir dann abwägen, ob wir überhaupt handeln müssen und wenn, wie wir es tun können, ohne Schaden für andere und uns selbst damit anzurichten.

Zu empfehlen ist aus Sicht des Buddha auch immer das **Gespräch mit den spirituellen Freunden**. Wie sagte auch hier der Buddha so richtig, als er gefragt wurde, wie wichtig spirituelle Freunde auf dem Weg sind: „Wenn du denkst, dass spirituelle Freunde das halbe religiöse Leben sind, dann liegst du falsch. Spirituelle Freunde sind das ganze religiöse Leben!“

Neben der Sexualität mit all ihren Verzweigungen gehört auch das Geld zu den Dingen, mit denen wir uns häufig in unseren Beziehungen auseinander setzen müssen.

Geld

Die wahre Natur des Geldes wird von uns nicht wirklich erkannt. Geld ist mehr vom Element der Luft beeinflusst, es ist ein Tauschmittel und hat keinen Wert an sich. Wir bewerten das Geld dagegen mehr im Sinn des Elementes der Erde, für uns zählen die Dinge, die wir uns im Geist schon als Gegenwert des Geldes vorstellen. Uns geht es um den Besitz, den für uns das Geld symbolisiert. Vielleicht geht es uns auch um die Sicherheit, die uns der Besitz von Geld verschaffen soll.

Dabei ist Geld eine Abmachung, eine Information, ein Verteiler, ein Weg. In unserer Verblendung erkennen wir die Dinge nicht so, wie sie wirklich sind, sondern wir sehen nur das, was wir sehen wollen. Es ist unsere subjektive Sicht der Dinge, die ihnen ihren Wert verleiht.

Es gibt in unserem Leben zwei Arten, die Dinge zu betrachten. Entweder sind wir mehr prozessorientiert oder wir sind ergebnisorientiert. Geld wird von uns in seinem absoluten Wert gesehen und nicht als Mittel zum Tausch auf unserem gemeinsamen Weg durch die Zeit. Vielleicht würde sich unser Verhältnis zum Geld verändern, wenn wir dieses prozessorientierter und nicht immer ergebnisorientiert betrachten würden. Auch hier gilt, dass der Weg das Ziel ist.

Geld und Besitz werden im Horoskop durch die **Häuserachse 2/8** angezeigt. Auch in der Partnerschaft symbolisieren die Häuser 2 und 8 die Wertbestände. Unser achtes Haus ist das zweite unseres Partners und unser zweites Haus sein achtes. Das ergibt sich daraus, dass wir die Häuser unseres Horoskops anders nummerieren können. Unser siebtes Haus symbolisiert unseren Partner. Wenn wir demnach die Belange unseres Partners aus unserem Horoskop ableiten wollen, dann wird unser siebtes Haus zu seinem ersten Haus, unser achtes Haus zu seinem zweiten, unser neuntes zu seinem dritten usw.. Aus dieser Technik lassen sich interessante Erkenntnisse gewinnen.

Weiter oben haben wir die Verbindungen von Planeten, Zeichen und Häusern in einer Tabelle dargelegt. Das zweite Haus untersteht der Venus und das achte Haus dem Mars (Pluto). Somit ist auch im Bereich Geld/Besitz das **Paar Venus/Mars** zuständig.

Neben den vielen Missverständnissen in der Kommunikation („Männer kommen vom Mars und Frauen von der Venus" – John Gray) kommt es in den Beziehungen besonders häufig zum Streit, wenn es um das Geld oder allgemein um den Besitz geht. Am Anfang der Beziehung ist dies meistens überhaupt kein Thema und im Überschwang der Gefühle des Verliebtseins machen wir uns wenig Gedanken um solch profanen Themen. Im Laufe der Beziehung kann sich diese Sorglosigkeit böse rächen. So sind inzwischen viele Paare so rational, dass sie einen Ehevertrag abschließen, der die materiellen Rahmenbedingungen ihrer Beziehung regelt.

Der Buddha hat uns immer wieder den **großen Wert der Großzügigkeit** aufgezeigt. Besonders gutes Karma geht für uns davon aus. Wir sollten also gerade in unseren Beziehungen die Gelegenheit nutzen, großzügig zu sein. Denn nirgendwo sollte es uns so leicht fallen großzügig zu sein, als bei dem Menschen, in den wir verliebt sind.
Wie mit vielen guten Dingen ist es auch mit der Großzügigkeit so, dass sie uns umso leichter fällt, je öfter wie sie ausüben. Durch die Übung der Gebefreudigkeit in unserer Beziehung lernen wir, uns auch nicht so nahe stehenden Wesen gegenüber großzügig und mitfühlend zu verhalten.

Am Beispiel des Geldes können wir sehen, dass sich die Dinge im Laufe einer Beziehung verändern. Diese Veränderungen können als Entwicklung verstanden werden.

Entwicklung

Wenn wir eine Beziehung beginnen, dann treffen wir uns mit unserem Partner auf irgendeiner zu diesem Zeitpunkt gleichartigen Ebene. Doch im Laufe der Zeit entwickeln wir uns eventuell unterschiedlich schnell. Von daher kann es sinnvoll sein, sich ab und zu ein paar wesentliche **Fragen zu der jeweiligen Entwicklung** zu stellen.

Wie weit reicht die eigene Entwicklung?
Wie weit reicht die Entwicklung des Partners?
Ist Entwicklung in der Partnerschaft möglich?
Sind die jeweiligen Entwicklungen gleichförmig?
Kann meine eigene Entwicklung unter Umständen warten?
Auf welchen Ebenen herrscht Harmonie? Und auf welchen nicht?

Wir haben in den Beschreibungen der möglichen Verbindungen zwischen den Tierkreiszeichen gesehen, dass das Funktionieren einer Beziehung auch von der Reife der Partner abhängt. Mit der **Entwicklung von Toleranz, Verständnis und Mitgefühl** sind wir fähig, mit einer größeren Bandbreite von Menschen in Beziehung sein zu können. Mit der Entwicklung von mehr Menschenkenntnis fällt es uns auch immer leichter, nicht alles Negative auf uns zu beziehen.

Nur sind wir leider in unseren Beziehungen so oft verletzt und enttäuscht worden, dass mit wachsender Menschenkenntnis und Souveränität im Leben auch eine erhöhte Desillusionierung einhergeht. So glauben wir häufig nicht mehr daran, dass eine Beziehung auch harmonisch und erfüllt sein kann. Diese Glaubenssätze können und sollten wir ändern. Es ist im Leben jederzeit möglich, dass sich die Dinge verändern. Das können sie aber nur, wenn wir es zulassen und wenn wir die dementsprechenden Weichen in unserem Inneren stellen. Wenn wir innerlich bereit sind, eine befriedigende und glückliche Partnerschaft zu leben, dann kann diese auch in unser Leben treten.

Viele unserer Kontakte entstehen durch eine Anziehung oder Abstoßung aufgrund unserer **Ausstrahlung**. Unsere Ausstrahlung entsteht auch durch unsere innere Befindlichkeit. Sind wir auf inneres Wachstum ausgerichtet und auf der Suche nach Wahrhaftigkeit, dann wird unsere Ausstrahlung dementsprechend sein und auch dementsprechende Menschen anziehen. Wenn wir aber nicht bereit sind zu lernen, was eben auch bedeutet, dass wir uns unsere Schwachstellen nicht ansehen, dann können wir auch nicht erwarten, dass positive, lebensfrohe Menschen sich mit uns beziehen wollen. So können wir unsere Beziehungen und auch unsere (bis dahin) unbewusste Partnerwahl dadurch verändern, indem *wir* uns verändern.

Immer wieder stoßen wir in unserer Entwicklung auf die gleichen Wahrheiten. Wenn uns etwas an unserem Partner stört, dann weist uns das nur darauf hin, was uns an uns selbst stört. Statt also daran zu arbeiten, unseren Partner zu verändern, was uns sowieso nicht gelingen wird, sollten wir eher daran arbeiten, uns selbst zu verändern. Dann ändert sich wie durch ein Wunder oder wie durch einen Zauber auch unser Partner.

Wir sehen, wie wichtig Veränderung und Entwicklung für uns und unsere Beziehung ist. In all unseren Prozessen sollten wir uns darum bemühen, in Wahrheit zu leben und uns nicht in Illusionen und Vorstellungen zu verlieren.

Wahrheit

In jeder Beziehung, besonders in unseren intimen, sollten wir uns um Wahrheit bemühen. Wir können sogar noch weitergehen und uns darum bemühen, Wahrhaftigkeit zu leben. Es ist immer wieder eine lohnenswerte Übung für uns, unsere Wahrhaftigkeit zu erkennen und diese auch zum Ausdruck zu bringen.

In engen Partnerschaften werden wir immer wieder mit unseren **Schattenanteilen** konfrontiert. Es ist unser Partner, der uns auf unsere Schatten anspricht, uns diese bewusst macht. Obwohl es oftmals so ist, dass wir diesen Vorgang nicht erkennen und unsere Schattenanteile auf unseren Partner projizieren. Unsere Wahrheit liegt immer bei uns selbst. Aber jeder Mensch empfindet sich mit seinem Ego als sein eigenes Zentrum. Und jedes Zentrum meint, seine eigene Wahrheit zu besitzen. Diese Wahrheit ist demgemäß natürlich subjektiv geprägt.

So prallen häufig in Auseinandersetzungen nur subjektive Meinungen aufeinander. Manchmal streiten sich Menschen über die Unterschiede in der subjektiven Betrachtung von Ereignissen, die längst vergangen sind. Das kann soweit gehen, dass es bis zum Krieg kommt. Viele dieser Kriege beginnen in den Beziehungen. Mann und Frau haben beide ihre Meinung zu den Dingen. Von der jeweiligen Meinung werden auch ihre Gefühle geprägt und diese strahlen sie auf den Partner ab, der sich dazu wiederum seine Meinung bildet, die allerdings mit der Realität des Partners gar nicht viel zu tun haben muss. So können Missverständnisse entstehen, die sich immer mehr steigern können, bis es zum Streit kommt.

Jeder von uns hat also seine Meinung und ist von seiner „Wahrheit“ überzeugt Aber wir denken immer nur, dass wir in unserer Wahrheit sind. Stattdessen leben wir nur unsere Meinung von der Wahrheit, aber nicht die Wahrheit selber.

Warum nicht?

Weil das von uns sehr viel **Mut** erfordert. Mut, der vor allem darin besteht, dass wir uns unseren Schatten und Ängsten stellen müssen. Da können schon einmal Dinge aus unserem Inneren an die Oberfläche kommen oder uns bewusst werden, die uns einen großen Schrecken einjagen.
Nur sollten wir uns über eines sehr klar sein: Es ist so, dass diese Dinge vorhanden sind, ob wir uns dessen nun bewusst sind oder nicht. Wenn wir uns dessen nicht bewusst sind, dann wirken diese Dinge unbewusst. Solche unbewussten Muster können sehr viel Schaden anrichten. Sie können zu körperlichen Symptomen wie zu Krankheiten führen oder sie können Entzweiung und Projektion in der Beziehung bewirken.

Wollen wir wirklich unseren Partner und unsere Beziehung verlieren, weil ein unbewusstes Muster Macht über uns hat und sich auf unseren Partner bezieht? Fast könnte man sagen, es ist das Muster, welches dann die Beziehung führt.

So können wir uns besonders in unseren engen Beziehungen darum bemühen, in Wahrheit zu leben. Das beginnt und endet damit, dass wir uns in der **Rechten Rede** üben. Das bedeutet, dass wir nicht lügen, nicht übertreiben, die Dinge nicht verdrehen und dass wir uns nicht verfälscht darstellen. Damit sind wir dann sicherlich auf dem Weg zu einer mehr spirituell ausgerichteten Partnerschaft.

Partnerschaft spirituell betrachtet

Der Mensch ist **ein multidimensionales Wesen**. Nach spirituellem Verständnis hat der Mensch verschiedene Körper, von denen die höheren feinstofflich sind. In vielen spirituellen Disziplinen wird von sieben Körpern gesprochen.

Wir können uns im Laufe unserer Entwicklung dieser Körper bewusst werden und damit die zugehörigen Ebenen erfahren. Dabei können uns unsere Beziehungen helfen. Denn im intensiven Austausch mit unserem Partner werden die verschiedenen Körper aktiviert und können dadurch einfacher bewusst werden. Auch wenn uns diese sieben Körper nicht bewusst sind, so sind sie doch vorhanden, wenn dann auch nur unbewusst. Gedanken oder Radiowellen sind Realität, auch wenn wir diese nicht sehen können.

Im folgenden Kapitel wollen wir die verschiedenen Ebenen genauer beschreiben. Wir folgen hier den von Dion Fortune (siehe Literaturverzeichnis) vorgegebenen sieben Ebenen.

Die sieben Ebenen

Materielle oder physische Ebene

⇨ der physische Körper, grob-materielle Sexualität

Energetische oder ätherische Ebene

⇨ der Äther-Körper, Begierde, Lust, Verlangen, das Energiefeld, die Elemente, Möglichkeit des Ausgleichs der Elemente durch Harmonie, Energiefeld-Nahrung

Astrale Ebene

⇨ der Astralkörper, Gefühle, Emotionen, Herz-Impulse

Niedere mentale Ebene

⇨ die Ebene des Verstandes, Alltag, Intelligenz, Kommunikation (miteinander reden können)

Höhere mentale Ebene

⇨ die eigentliche mentale Ebene, Ideen, Pläne, Vorhaben, Anschauung, Religion, Glaube, Abstraktes Denken

Noetische oder spirituelle Ebene

⇨ Erlebnisse von Out-Of-Body, Reinkarnation, Tod- und Wiedergeburtserkenntnisse, höhere Welten

Kosmische Ebene

⇨ keine Ebene mehr, da es keine Trennung mehr gibt, All-Eins, Erleuchtung, Einheit, Nirwana

Diese zugegeben kurzen Beschreibungen sollen uns eine Ahnung davon verschaffen, dass es diese Ebenen gibt und was sie bedeuten. Durch die Namensgebung ist es uns nun möglich zu beschreiben wo, also auf welcher Ebene, wir uns gerade befinden.

Uns wird vor allem interessieren, wie sich diese sieben Ebenen in unseren Beziehungen auswirken.

Die sieben Ebenen und Partnerschaft

Nach spirituellem Verständnis wechselt das aktive Geschlecht von Ebene zu Ebene.

Bevor wir dies näher erläutern wollen, mag die Anmerkung hier erlaubt sein, dass dieses aus dem theosophischen Zusammenhang entnommene Wissen eine ganz andere Sichtweise auf das Verhältnis der Geschlechter miteinander aufzeigt.

Im Grunde ist es doch so, dass unsere einseitige Fixierung auf das Geschlecht unseres physischen Körpers nicht nur nicht der Wirklichkeit entspricht, sondern uns auch eine Menge an Schwierigkeiten einbringt. Wir Menschen sind wie bereits erwähnt multidimensionale Wesen und wir sind/haben beide Geschlechter, nur jeweils unterschiedlich verteilt. Wer von uns auf der ersten Ebene einen physisch männlichen Körper hat, hat auf der nächsten Ebene (siehe Tabelle weiter unten) einen weiblichen Körper. Für die Frauen ist es dementsprechend umgekehrt. Ein weiblicher physischer Körper bedingt einen männlichen Gefühlskörper usw.

Überhaupt sollten die Geschlechter von uns viel umfassender verstanden werden. Das sich gegenseitige Durchdringen von weiblicher und männlicher Energie – symbolisiert als **Yin und Yang im Taoismus** – wirft ein ganz anderes Licht darauf.

Anmerkung:
Wir können unser spirituelles Verständnis sicherlich erhöhen, wenn wir uns auch mit den Ansichten anderer Religionen und Weisheitslehren beschäftigen. Zum Taoismus gehört beispielsweise das Tao Te King des Laotse sowie das I Ging (das älteste Orakelsystem der Welt). Literaturhinweise dazu finden sich im Verzeichnis am Ende dieses Buches.

Dominanz auf allen Ebenen

Die folgende Tabelle zeigt, auf welchen der sieben Ebenen welches Geschlecht dominiert. Dabei werden die 2. und 3. Ebene, die 4. und 5. Ebene und die 6. und 7. Ebene jeweils als zusammengehörig erkannt.

Tabelle: Zuordnung Ebene/Geschlecht

Ebenen	**zusammengehörig**	**Geschlecht dominant**
1. Ebene	Körper	männlich
2. Ebene und 3. Ebene	Gefühl	weiblich
4. Ebene und 5. Ebene	Geist	männlich
6. Ebene und 7. Ebene	Seele, Kosmos, Bewusstsein	weiblich

Allein die **körperliche Stärke** erklärt das Übergewicht des Männlichen auf der ersten, der physischen Ebene. Und die rein physische Kraft als Merkmal der Überlegenheit weist auf eine relativ unentwickelte Welt in spiritueller Sicht hin. Mag auch der technische Entwicklungsstand in unserer westlichen Welt hoch sein, der spirituelle ist es nicht. Jedenfalls können wir eine Welt nicht als spirituell hochstehend bezeichnen, solange diejenigen Menschen die Richtlinien vorgeben, die die Kraft, die Macht oder das Geld haben. In einer idealen und damit dann wirklich spirituellen Gesellschaft sollten diejenigen das „Sagen“ haben, die eine gewisse Form der Weisheit entwickelt haben.

Dabei dürfen wir nicht vergessen, dass **die Erde ein Ort der Übung** ist. Hier vervollkommnen wir genau die Eigenschaften, an denen es uns mangelt. Unsere Entwicklung als Gemeinschaft von Wesen fördert auch die Entwicklung dieses Planeten.

Die zweite und dritte Ebene in der Tabelle zur Zuordnung von Ebene und Geschlecht sollte als zusammenhängend gesehen werden, da die ätherische und die astrale Welt ohnehin eng miteinander verwoben sind.
Wo im Physischen zur Zeit eine Dominanz des Männlichen herrscht, so finden wir in der **Astralwelt ein Übergewicht des Weiblichen.** Das erkennen wir direkt daran, dass Frauen im Gefühlsbereich meist dominierend und bestimmend sind.
Die **vierte und fünfte Ebene – Geist** – gehören wieder zusammen und stehen unter der Domäne des Männlichen, während die **sechste und siebte Ebene, die spirituellen Ebenen,** wiederum mehr dem Weiblichen zugehören.

Das auf einer Ebene nicht dominierende Geschlecht ist dort dann passiver und unsicherer. Es sollte uns klar sein, dass männlich nicht mit Mann und weiblich nicht mit Frau gleichgesetzt werden kann. Wir als Männer (Frauen) haben auch weibliche (männliche) Eigenschaften.

So sind die Rollen im multidimensionalen Raum auch in der Beziehung klar verteilt und mögliche Probleme in der Partnerschaft können auf den jeweiligen Ebenen diagnostiziert und möglicherweise geheilt werden.

Die sich hier direkt anschließende Tabelle zeigt, wie wir die Planeten den Ebenen zuordnen können.

Tabelle: Zuordnung Ebene/Planet

1. Ebene	Physischer Körper	Sonne, Mars, Saturn
2. Ebene	Ätherischer Körper	Mond, Neptun
3. Ebene	Astraler Körper	Mond, Neptun, Jupiter
4. Ebene	Geistiger Körper	Merkur, Sonne, Mars
5. Ebene	Mentaler Körper	Uranus, Jupiter, Merkur, Saturn, Mondknoten
6. Ebene	Noetischer Körper	Uranus, Neptun, Pluto, Saturn, Mond, Mondknoten
7. Ebene	Spiritueller Körper	Sonne, Neptun, Pluto

Damit ist es uns möglich, anhand der Dominanz bestimmter Planeten in den Horoskopen die Gewichtung in den verschiedenen Körpern (Ebenen) zu analysieren. Auch im Umkehrschluss macht dies Sinn, denn wenn wir aufgrund des Geschlechts wissen, welche Körper aktiver vorgeprägt sind, können wir erkennen, welche Planeten und damit auch die ihnen zugeordneten Häuser dadurch aktiviert werden.

Im Vergleich (Synastrie) der Horoskope in einer Beziehung kann auf den spirituellen Ebenen analysiert werden, wo sich die Partner möglicherweise in die Quere kommen könnten. Angenommen ein auf seiner Ebene aktiver Mann trifft auf Planeten im Horoskop seiner weiblicher Partnerin, die ähnlich stark und machtvoll sind. Dann kann hier ein Macht-Problem oder ein Kampf um die Dominanz angesprochen sein.

Diese Betrachtung der verschiedenen Körper und Ebenen bietet uns also eine Menge an analytischen und erkenntnistheoretischen Möglichkeiten. Zum klareren Verständnis der verschiedenen Ebenen und ihrer Verbindungen wenden wir uns an dieser Stelle dem Kapitel „Fahrplan durch den Kosmos“ zu.

Fahrplan durch den Kosmos

Es kann in vielerlei Hinsicht sehr sinnvoll sein, wenn wir uns **die größeren Zusammenhänge** unseres Lebens sowie des Kosmos, in den wir eingebunden sind, vergegenwärtigen. Beruht doch häufig die so empfundene Sinnlosigkeit oder Leere des Lebens darauf, dass wir uns in unseren eher kleinlichen Alltagsproblemen verloren haben und nicht mehr auf den größeren Zusammenhang achten.

So wollen wir hier den ultimativen **Fahrplan durch den Kosmos** skizzieren. In diesem Fahrplan gehen wir rückwärts vor. Das heißt, wir beginnen mit der letzten, der „höchsten" Ebene und tasten uns dann weiter vor bis zur physischen Welt.

Beginnen wir also mit der **siebten Ebene**, der **kosmischen Ebene**, welche im Grunde gar keine Ebene mehr ist. Im Eigentlichen ist da nur Stille, Leere, Glückseligkeit, ein „In-sich-erfüllt-Sein". Eine Form der Differenzierung, Polaritäten oder eine Trennung von Erfahrung, Erfahrendem und zu Erfahrenden gibt es hier nicht. Dann entsteht „plötzlich" **der Schöpfungsimpuls**, wie und warum auch immer. Etwas tritt aus der Einheit hervor und es ist zuerst nur eine Art Idee, vergleichbar mit einem Bildschirm ohne Inhalt oder einer Leinwand ohne Bilder.
Dieser Vorgang beschreibt den Übergang von der siebten Ebene in die sechste Ebene, also den Weg von der kosmischen in die **noetische oder spirituelle Ebene**.

Natürlich ist **das Wort Idee** zu klein, es greift nicht richtig, geht es hier doch um die Grundidee, aus der die Universen, unser Kosmos, damit unsere Welt und wir selbst entstehen. Nichtsdestotrotz ist diese Idee dann vorhanden und sie verzweigt sich wie eine Art Pilz zu einem Kaleidoskop einander durchdringender Ideen. Hier erfolgt der Übergang von der sechsten zur **fünften Ebene**, also von der noetischen zu der **höheren mentalen Ebene**.

Auf diesen höheren mentalen Ebenen bilden sich Ideen, sie formen mentale Strudel sowie Ketten von mentalen Mustern, die sich immer mehr zu einer Art Plan verdichten.

Wenn wir zur Mystifizierung des Kosmos neigen würden, könnten wir hier von einer Art Masterplan sprechen. Das Problem dabei ist nur, dass wir mit einem Masterplan auch sofort jemanden voraussetzen, der diesen Plan auch erdacht oder erfunden hat. Aber denjenigen gibt es gar nicht, da ist noch kein ICH oder keine wie auch immer geartete Individualität, die sich diesen Plan ausdenkt. Ganz im Gegenteil ist „an dieser Stelle der Schöpfung“ die Polarität und damit Zeit und Raum noch gar nicht entstanden. Der Plan ist im Grunde der Plan von der Entstehung der Polarität. Die Polaritäten sind die Grundvoraussetzung dafür, dass es überhaupt eine erfahrbare Welt gibt.

Wollen wir es etwas verquer ausdrücken können wir sagen, der Plan von der Entstehung der Polarität bewirkt einen Erfahrenden, der etwas erfährt durch Erfahrungen im Bereich des Erfahrbaren. Durch das **Gesetz der Polarität** entsteht eine erfahrbare Welt und damit jemanden, der diese erfährt.

Diese Ebene des Plans von der Entstehung der Polarität wollen wir die **Kausalebene** nennen. Aus ihr heraus entsteht dann auch **die Idee einer Individualität**. Diese Idee der Individualität besagt, dass es Wesen gibt, die eine Art von getrenntem, vereinzeltem Bewusstsein haben. Dieses sind Wesen, die eigene Ideen haben. Im Übergang von der Kausalebene auf die Welt der Mentalebenen entsteht das individuelle Bewusstsein. Dies bleibt von nun an erhalten. Es verdichtet sich sogar immer mehr, bis sogar eine Nichtexistenz der Individualität als nicht mehr denkbar erscheint.

So können wir sagen, dass sich aus der Kausalebene heraus der höhere Mentalkörper formt. Diesem höheren **Mentalkörper** werden natürlich unterschiedliche Namen gegeben, manche sprechen dabei vom **höheren Selbst** oder allgemein vom Selbst. Wenn wir eine Form des „Ichs“ annehmen, dann ist dies die höchste Form davon.

Der **Mentalkörper** existiert in seiner eigenen Welt, der Welt der Mentalebenen. Wie der Begriff bereits erkennen lässt, gibt es unterschiedliche Mentalebenen, die wir uns in unterschiedlicher Dichte vorstellen können. Alle geistigen Impulse, also auch die Gedanken, gehören hierher. Die Vorgänge und Muster, die sich aus den verschiedenen Gedankenketten heraus entwickeln, fördern weiterhin auch den Prozess der Individualisierung. Dieser Prozess bringt es mit sich, dass der Denker entsteht. Der Denker scheint durch den Prozess des Erdenkens nicht nur neue Ideen zu kreieren, sondern seine eigene Existenz scheint immer betonter und wichtiger zu werden.

Der Prozess der zunehmenden Verdichtung schreitet weiter voran, indem die Gedanken bewertet werden; denn Gedanken, die bewertet werden, werden zu Gefühlen. Gedanken, die zu Bildern werden, die bildhaft werden (Bildekräfte), werden zu astralen Projektionen.

Damit sind mehrere neue Informationen angesprochen. Der entscheidende Moment hier ist jener **der Bewertung**. Verschlüsselt finden wir diesen Vorgang bereits im alten Testament, als Adam und Eva vom Baum der Erkenntnis essen. Erkenntnis meint auch hier **die Unterscheidung in Gut und Böse**. Diese Unterscheidung ist aber nichts anderes als eine Bewertung dessen, was wir unterteilen in Gut und Böse oder in „finde ich angenehm" und „finde ich unangenehm". Durch den Prozess der Bewertung fallen Adam und Eva aus der Einheit, sie werden aus dem Paradies vertrieben. Und genauso wie Adam und Eva ergeht es auch uns.

Bewertete Gedanken sind Gefühle. Gleichzeitig entstehen zu den Gedanken und Gefühlen Bilder, so dass hier die so genannten Bildekräfte wirksam werden. Die Welt der Bilder nennen wir die **Astralwelt**. Die Astralwelt selbst besteht wiederum aus verschiedenen Astralebenen. Astrale Projektionen sind demnach nichts anderes als Gedanken, die mit Bildern verdichtet sind.

Die Projektionen und die Bewertungen sorgen dafür, dass wir den Prozess der Individualisierung immer mehr vertiefen. Wir beginnen immer mehr, uns als Einzelwesen zu fühlen. Wenn wir im Prozess des Fühlens sind, dann befinden wir uns in einer Astralebene. Werden unsere Gefühle immer dichter, immer persönlicher und immer sinnlicher, so bewegen wir uns in immer „tiefere" oder dichtere Astralebenen.

Genau wie in den Mentalebenen gibt es viele Astralebenen, allerdings können wir sieben Haupt-Ströme oder Unter-Ebenen unterscheiden. Die unteren, dichteren astralen Ebenen ziehen immer mehr Lebenskräfte an. Beispiele für diese unteren astralen Ebenen sind z. B. manche unserer nächtlichen Träume.

Die zunehmende Verdichtung durch das Anziehen und Binden von immer mehr Lebenskraft verlangt zunehmend nach **VERKÖRPERUNG**. Zusammen mit unserem **Karma** werden wir in einen sehr komplizierten Prozess in eine bestimmte Verkörperung gezogen. **Karma** heißt „bewirkte Tat" und ergibt sich aus dem **Gesetz von Ursache und Wirkung**. Dieses Gesetz besagt im Grunde nichts anderes, als dass auf jede Ursache eine Wirkung erfolgt. Diese Folgerichtigkeit ist nicht an unsere Vorstellung von Raum und Zeit gebunden. Wir können so weit gehen zu sagen, dass das Gesetz des Karmas über dem von Raum und Zeit steht, aber auch das ist wieder nur eine Vorstellung. Fakt ist, dass wir viele Ursachen in unserem Leben, in unserem Alltag setzen und dass wir dies auch in unserer Vergangenheit getan haben.

Wenn wir also postulieren, dass es **eine Form der Wiedergeburt** gibt, dann gibt es auch eine Menge von in der Vergangenheit gesetzten Ursachen. Da diese nicht an Raum und Zeit gebunden sind, können sie auch in unser aktuelles Leben einwirken und tun dies auch.

All das zusammengenommen können wir als Karma verstehen. Unser tatsächliches Verständnis vom Gesetz des Karmas ist aber so, wie sich das Klein Erna vorstellt. Wenn wir uns verdeutlichen, wie viele Menschen mit jeweils eigenem Schicksal es jetzt bereits gibt. Das Leben dieser Menschen verknüpft sich mit dem Leben anderer Menschen. Wenn wir diesen Prozess als Reinkarnation in die Vergangenheit fortsetzen, dann bekommen wir eine leise Ahnung davon, wie komplex das Thema Karma ist.

Anmerkung:
Eine kleine Geschichte soll das eben Beschriebene verdeutlichen: In einer vorgestellten Welt gibt es einen Berg, der ist 1000 Meter lang, hoch und breit. Alle 1000 Jahre kommt ein kleines Vögelchen und streicht mit seinem Flügel über den Berg. Wenn der Berg abgetragen ist, dann ist ein Teil der Ewigkeit vorbei. Ewigkeit, wie es in der ursprünglichen Form dieser Parabel heißt, können wir mit Karma gleichsetzen.

Letztlich sollte uns klar sein, dass **alle diese Prozesse nur deswegen ablaufen, weil wir uns mit ihnen identifizieren**. Etwas abgehoben können wir es auch so formulieren: das Spiel läuft, weil wir uns mit dem Spiel identifizieren. So kommt es schließlich dazu, dass wir in einem **physischen Körper in einer physischen Welt** leben.

Der Vollständigkeit halber wollen wir erwähnen, dass zwischen dem astralen Körper in der astralen Welt und dem physischen Körper in der physischen Welt eine Art von Bindeglied existiert. Dieses Bindeglied ist der so genannte **Ätherkörper**. Manche Menschen können Auswirkungen dieses Energiekörpers (Ätherkörper) spüren oder sogar sehen. Diese Ausstrahlung wird auch **Aura** genannt.
Die zunehmende Verdichtung hat dafür gesorgt, dass eine materielle Welt entstanden ist. Unsere Verhaftung mit der materiellen Welt ist schließlich so groß, dass die Zerstörung der materiellen Form eine Katastrophe zu sein

scheint. Das liegt natürlich daran, dass unser Unwissen um die wirklichen Umstände so groß geworden ist, dass wir die materielle physische Welt für die einzig wahre halten. Damit wird der physische Körper zum Lebensinhalt.

Die Vorstellung, den physischen Körper zu verlieren, bedeutet dann, die einzige Realität zu verlieren, die es für uns gibt. Dadurch entsteht dann die große Angst vor dem Tod. Wenn wir um die spirituellen Zusammenhänge unserer Welt wissen, verliert der Tod seinen Schrecken und wir können sogar von der **Illusion des Todes** sprechen. Im folgenden Kapitel werden wir den Sterbeprozess noch genauer betrachten.

Der Sterbeprozess

Wir leben so lange in einem physischen Körper in einer physischen Welt, bis wir sterben. Wenn wir sterben, sterben wir aus dem physischen Körper heraus.

Beim Sterben passiert Folgendes:
Das, was wir Lebenden beim Sterben eines anderen Wesens beobachten, ist das Verlassen/Zurücklassen/Absterben des physischen Körpers. Was wirklich passiert ist, dass sich die Verbindung zwischen physischem und unserem astralen Körper löst. Die Verbindung zwischen physischem und astralem Körper wird wie oben bereits erwähnt durch den Ätherkörper hergestellt, wir sprechen auch von der so genannten astralen Nabelschnur, die beim Tod durchtrennt wird. Diese Nabelschnur können wir mit unseren physischen Augen nicht sehen, da sie ein Teil der astralen Welt (Ätherkörper) ist.

Wie schnell sich physischer und astraler Körper trennen, hängt von der Todesursache und der zuvor erworbenen mentalen Entwicklung ab. **Für uns**, die wir zurückbleiben, ist der Mensch tot. **Für den Verstorbenen** ist nur die Verbindung zwischen den Körpern zerstört, aber nicht seine Persönlichkeit. In der astralen Welt, in der sich der Verstorbene nun aufhält, läuft die Zeit anders, so dass wir zeitliche Entwicklungen dieser Ebene nicht mit jenen der astralen Ebene vergleichen können. Und es gibt auch Entwicklung bzw. die Möglichkeit zur Entwicklung in der astralen Welt. Grundsätzlich können wir sagen, dass sich das Wesen in einem Sterbeprozess befindet, der es (das

Wesen) durch die verschiedenen astralen und mentalen Ebenen führt bis zu der Ebene, die das Wesen in seiner Entwicklung bislang erreicht hat.

Diese Vorgänge und Gesetze werden vom **Tibetischen Totenbuch** geschildert (siehe Literaturverzeichnis) und dort finden wir auch Techniken, wie wir den Verstorbenen über den Tod hinaus Hilfe bieten können.
Da – wie eben erwähnt – die Zeit in den astralen und mentalen Welten anders verläuft, ist davon auszugehen, dass die jeweilige Verweildauer in den jeweiligen Ebenen unterschiedlich ist und auch nicht mit unserem Zeitermessen zu erfassen ist. Die unterschiedliche Verweildauer kommt durch die karmisch bedingten **Verhaftungen** in bestimmten Bereichen dazu. Wir alle haben unterschiedliche Neigungen, die sich auch über den Tod hinaus fortsetzen. So können wir Vorstellungen von bestimmten Ebenen entwickeln, in denen wir dann unsere Neigungen ausleben. Diese Ebenen können sehr unterschiedlich sein.

Glauben wir den Anweisungen im Tibetischen Totenbuch, dann gibt es für den Verstorbenen direkt nach dem Tod – aber auch später noch – **die Möglichkeit zur vollständigen Befreiung**. Die vollständige Befreiung meint das Freisein von erneuten Inkarnationen.

Wenn also keine grundsätzliche Befreiung im Leben oder in den **Bardo** genannten Ebenen nach dem Tod erfolgt ist, dann zieht der erneute Wunsch nach Verkörperung verbunden mit dem individuellen Karma das Wesen in **eine neue Geburt**. Die neue Geburt entsteht dadurch, dass wir uns angezogen fühlen von der Sexualität unserer zukünftigen Eltern. Fühlen wir uns mehr angezogen von unser zukünftigen Mutter, dann werden wir männlich, fühlen wir uns mehr angezogen von unserem zukünftigen Vater, dann werden wir weiblich.

Wenn wir den Schriften und den Aussagen der Meister und des Buddha Glauben schenken, dann scheint der Kreislauf der Wiedergeburten ohne Ende zu sein, es sei denn, wir setzen ihm ein Ende. Wie wir das tun können, werden wir gleich andeuten, vorher wollen wir uns wieder unserem eigentlichen Thema zuwenden.

Denn was hat das nun eigentlich mit **Astrologie** und mit **Beziehungen** zu tun? Astrologie kann uns helfen, uns selbst besser zu erkennen, sie kann als Mittel zur Selbsterkenntnis dienen. Das Wissen um die Vorgänge bei der

Verkörperung und beim Tod helfen uns, uns, unser Leben, unsere Beziehungen etc. in einem größeren Rahmen zu sehen.
Somit kann es uns eventuell gelingen, kleinere Probleme in unseren Beziehungen nicht so eng zu sehen und überhaupt unsere Beziehungen als Möglichkeit zu erkennen, an uns zu arbeiten, um der Befreiung ein Stückchen näher zu kommen.

Nur anstatt wir unsere Beziehungen nutzen, um an uns zu arbeiten oder um unsere unbewussten Bereiche in Aktion zu erleben, verhaften wir uns immer mehr. In den Schriften des Buddhismus wird immer wieder erklärt, dass ein Greifen, also ein Anhaften, ein Haben-Wollen, eine immer stärkere Verhaftung nach sich zieht. Diese zunehmende Verhaftung führt zu neuem Greifen usw.. Damit wird ein Kreislauf in Gang gesetzt, der ohne bewusste Entscheidung von uns ihn zu beenden, immer weiter läuft und uns immer tiefer an diese Welt bindet.

Auch in unseren Beziehungen greifen wir nach bestimmten Dingen. Wir wollen Sicherheit. Wir wollen, dass unser Partner immer für uns da ist. Wir wollen uns immer an der Attraktivität unseres Partners erfreuen. Wir wollen immer neue Sinneseindrücke, Gefühle und sexuelle Stimulationen erfahren.

Aber wir sollten dabei immer bedenken, so sagt der Buddha, dass **nichts von Dauer** ist in dieser Welt. Es gibt daher keine Sicherheit, denn wenn alles vergänglich ist, dann wird auch das vergehen, woran wir unsere Sicherheit hängen. Unser Partner kann uns für jemanden anderen verlassen, oder er wird krank oder er stirbt. Vielleicht raubt das zunehmende Alter unserem Partner auch seine Attraktivität. Und wir dürfen nicht vergessen und wir sollten uns auch nicht darüber hinwegtäuschen, dass auch wir selbst älter werden, wir damit die Jugendlichkeit und Attraktivität unseres Körpers immer mehr verlieren, dass wir über kurz oder lang sterben werden.

Wie wir gesehen haben, stirbt vorerst unser physischer Körper. An ihn können wir unsere Sicherheit nicht hängen. Auch sind uns dann sinnliche Erfahrungen nicht mehr möglich. Wenn wir um diese Dinge wissen, dann sollten wir handeln, indem wir uns um **Selbsterkenntnis und um spirituelle Erfahrung** bemühen. Unsere Partnerschaften bieten uns genügend Stoff dafür. Wir können die Astrologie nutzen, um mehr über uns und über unsere Beziehungen zu erfahren.

Wir sollten wissen, dass jede Beziehung, jede Erkenntnis, jede spirituelle Erfahrung uns nichts hinzufügen kann. Es ist nicht so, dass wir etwas Neues erfahren. Unsere wahre Natur ist nicht entfernt von uns. Auch jetzt sind wir die ganze Zeit das, was wir vermeintlich suchen. Uns selbst zu erkennen bedeutet eher, dass wir etwas sein lassen, anstatt dass wir uns etwas hinzufügen.

Darauf wollen wir aufbauen im folgenden Kapitel.

Was dann noch kommt

Wenn wir einen Blick riskieren auf die mögliche Existenzform, in die wir uns spirituell entwickeln können, dann sind wir im Bereich der Spekulation. Natürlich gibt es vereinzelte Wesen, die uns auf diesem Weg vorangegangen sind.
Wenn wir einen Blick auf die zukünftige Existenzform richten wollen, dann können wir sagen, dass diese sozusagen vor uns liegt. **Wir müssen nur unseren Blick auf den Sternenhimmel richten.**

Der Sternenhimmel bietet uns Orientierung. Er symbolisiert die höhere Ordnung im Kosmos. Das griechische Wort „cosmos“ ist nicht nur verwandt mit der Bedeutung des Wortes Weltall, sondern ist ursprünglich sowohl mit Schönheit oder Schmuck, als auch mit Ordnung übersetzbar.

Ordnung im Weltall

Das Weltall über uns ist geordnet. Viele dieser Muster sind uns über, sie gehen über unseren Horizont, wir können sie mit unserem Verstand nicht erfassen.
Wir selber fassen Sterne zu Sternbildern zusammen. Aus der modernen Astronomie kennen wir uns aus mit Galaxien, Galaxienhaufen, usw..
Aber wirklich wissen tun wir nichts!!

Von daher hieß es schon im griechischen Altertum: „**Mensch erkenne dich selbst**“ (Spruch beim sagenhaften Orakel von Delphi).
Unser Ein-Gebundensein in die kosmische Ordnung zeigt uns unser Horoskop. Hier findet sich die Sonne als Orientierungspunkt für uns.

Die Sonne ist ein Stern. Sie ist ein Stern, wie diejenigen, welche wir am Himmel erkennen. Nur ist sie uns viel näher. Sie ist unser Zentralgestirn. Ohne sie ginge auf der Erde gar nichts. Wärme, Licht und die Möglichkeit, eine Bahn zu ziehen, gibt die Sonne der Erde.
Die Erde ist der Trabant der Sonne, wie der Mond Trabant der Erde ist. Ordnungen in Ordnungen in Ordnungen geordnet nach ähnlichen (analogen) Gesetzmäßigkeiten, so funktioniert der Kosmos.

Die Sonne symbolisiert unseren nächsten Entwicklungsschritt.

Um dorthin zu gelangen, müssen wir unsere Erdgebundenheit überwinden. Der Buddha spricht hier vom ewigen Kreislauf der Wiedergeburten.
Diese Überwindung kann uns durch Überwindung der Einflüsse gelingen, die unser Horoskop symbolisch darstellt.

Überwindung der Erdgebundenheit heißt also Überwindung unseres Horoskops!

Und umgekehrt:

Überwindung des Horoskops heißt Überwindung der Erdgebundenheit!

Das Horoskop zeigt uns unser Karma, unsere Gebundenheit. Und auch das, was uns mit anderen Menschen verbindet. Unsere wichtigsten Beziehungen sind mit unsere stärksten Bindungen. Sie zu erkennen, an ihnen zu arbeiten, in ihnen unsere Anhaftung loszulassen, kann befreiend für uns und für unsere Nächsten sein.

Dass eigentlich keinerlei Überwindung, dass keine Übung, kein Horoskop, keine Technik nötig ist, weil unsere wahre Natur immer unsere wahre Natur ist, war und sein wird, haben wir genügend zum Ausdruck gebracht.

Wenn wir aber das Bedürfnis haben, an uns und an unserem Potential zu arbeiten, dann zeigt uns unser Horoskop mittels der Astrologie nicht nur dieses (Potential), sondern sogar den Weg darüber hinaus, eben dahin – **was dann noch kommt.**

Was dann noch kommt, können wir nur dann erfahren, wenn wir die bindenden Einflüsse unseres Horoskops überwinden.

Die Überwindung des Horoskops

Aus unserem Buch „Astrologie und Spiritualität" ist uns der logische Ablauf bekannt. Wir haben dort den **Dreiklang der Astrologie** formuliert.

Anmerkung:
Wir stellen diese Zusammenhänge hier nur verkürzt dar. Genaueres finden wir im genannten Werk.

Der Dreiklang der Astrologie

Schritt -1-: Kennenlernen des Horoskops und der Möglichkeiten der Astrologie.

Schritt -2-: Das Horoskop lebend erfüllen und das Kennenlernen der kosmischen Gesetze und der Astrologie von innen.

Schritt -3-: Vom Horoskop lösen, dieses und uns transzendieren, eine neue Ebene kennen lernen.

Das Thema des vorliegenden Werkes „Astrologie und Beziehungen" gehört zum Schritt -2-. Damit untermauert auch der Dreiklang der Astrologie die These, dass uns bewusst gelebte Beziehungen auf den Weg zum Schritt -3- bringen, zu der Möglichkeit, in eine neue Ebene der Existenz zu gelangen. Dazu ist es nötig, uns von unserem Horoskop zu lösen. Diese Lösung kann durch drei Stufen der Befreiung geschehen.

Drei Stufen der Befreiung

1. Überwindung der Häuser

2. Überwindung des Tierkreises

3. Überwindung der Planeten

1. Stufe der Befreiung: Die Überwindung der Häuser

Die erste Stufe auf diesem Weg ist die Überwindung der Häuser. Dabei geht es zuerst darum, unseren Aszendenten zu überwinden. Der nächste Schritt ist es, die sich jeweils gegenüber liegenden Häuser als sechs Eigenschaftsfelder zu erkennen und diese zu erfüllen.

Die sechs Eigenschaftsfelder

1. **Beziehung** (Häuser 1 und 7)
2. **Bürfnisbefriedigung** (Häuser 2 und 8)
3. **Erkenntnis** (Häuser 3 und 9)
4. **Verwurzelung/Ziel** (Häuser 4 und 10)
5. **Umsetzung (Erhöhung)** (Häuser 5 und 11)
6. **Synthese (Erleuchtung)** (Häuser 6 und 12)

2. Stufe der Befreiung: Die Überwindung der Tierkreiszeichen

Die Zeichen überwinden heißt in diesem Zusammenhang, dass uns keines der Zeichen mehr Probleme bereitet. Es meint auch, dass wir uns in den Bereichen, die von den Zeichen symbolisiert werden, auskennen und uns dort jeweils sicher bewegen können. Wir sollten dabei unsere Präferenzen in den verschiedenen Bereichen unseres Lebens überwunden haben, sei es in der Familie, in der Gruppe, in der intimen Beziehung, im Beruf, im Amt, im Kosmos, in einer spirituellen Gruppe oder wo auch immer.

Wenn wir in allen Bereichen souverän sind, ist es nicht mehr nötig, diese Eigenschaften zu erlernen. Damit entfällt die Notwendigkeit durch Prägung bestimmter Zeichen zu lernen.

3. Stufe der Befreiung: Die Überwindung der Planeten

Haben wir in der ersten Stufe die Häuser und in der zweiten Stufe auch die Tierkreiszeichen transzendiert, so besteht hier die dritte Stufe darin, auch die Prägung durch **die Planeten zu überwinden,** um dann in die nächst höhere Ebene der Evolution eintreten zu können.

Zuerst gilt es den Einfluss des Mondes zu überwinden, dann die persönlichen Planeten Merkur, Venus und Mars. Auch die gesellschaftlichen Einflüsse von Jupiter und Saturn müssen wir hinter uns lassen. Die Gruppe der Planeten jenseits von Saturn, also Uranus, Neptun und Pluto (als Repräsentant des Kuipergürtels) führen uns in die nächste Stufe der kosmischen Evolution. Dies ist die Ebene der Sterne, die Ebene unserer Sonne.

All diesen ganzen Weg sind wir nicht allein gegangen und auch auf der Ebene der Sterne sind wir nicht allein. Wir sind Wesen unter Wesen und wir stehen in Kommunikation/Kommunion miteinander. Wir sind alle eins.

Letztlich sind es auch unsere persönlichen Beziehungen, die uns mit an diesen Punkt gebracht haben. Sicherlich halten auch andere Ebenen der Existenz Formen der Begegnung für uns bereit. Wir werden es erleben.

Literaturverzeichnis

In „Astrologie und Spiritualität“ haben wir eine lange Liste relevanter astrologischer Literatur aufgeführt. Wir verzichten an dieser Stelle auf eine Wiederholung aller relevanten Werke.

Banzhaf, Hajo: „Astrologie“ Diederichs Verlag

Balsekar, Ramesh S.: „Erleuchtende Gespräche“ Lüchow Verlag

Giesow Norbert: „Astrologie und Spiritualität“ Verlag Arche Noah

Gosztonyi Alexander: „Anatomie der Seele“ Windpferd Verlag

Gray, John: „Frauen kommen von der Venus, Männer vom Mars“ Goldmann Verlag

Grof, Stanislav: „Kosmos und Psyche“ Krüger Verlag

I Ging – ausgewählte Ausgaben...
- Wilhelm Richard: „I Ging“ Diederichs Verlag 1973
- Reifler Sam: „Das I-Ging-Orakel“ Bauer Verlag 1983
- Eichler Norbert A.: „Das Buch der Wirklichkeit“ Rowohlt 1985
- Keidel-Joura: „Vom Charakter des I Ging“ Droemer Knaur Verlag 1999

Lao-Tse: „Tao Te King“ exemplarisch Manesse Verlag, 8.Aufl. 1987

Roscher, Michael: „Der Mond“ Hugendubel Verlag

Sogyal Rinpoche: „Das tibetische Buch vom Leben und vom Sterben“, O.W. Barth Verlag , 21. Aufl. 1998

Das Tibetanische Totenbuch, Walter Verlag, 14. Auflage der Sonderausgabe 1991

Zabka Bernd: „Siderisch-Solare Astrologie“ Edition Octopus

Arche Noah Musik -Buchverlag
Ammergauer Str. 80 86971 Peiting
Tel.: 0700-272436624 Fax: 0700-272436634
E-Mail: info@verlag-arche-noah.de
www.verlag-arche-noah.de

Norbert Giesow
Astrologie &Spiritualität
272 Seiten, Softcover
Euro 22,00 ISBN: 3-931721-42-6

Norbert Giesow beschäftigt sich seit 1984 mit der Astrologie. In persönlichen Beratungen, in Vorträgen und Seminaren hat er vielen Menschen die Inhalte der Astrologie näher gebracht.
Eine Zeit lang trat er auch regelmäßig im Fernsehen auf. Es geht ihm um eine sinnerfüllte Astrologie, die den Menschen Selbsterkenntnis vermittelt, ihnen Erklärungen zu ihrem Leben liefert. Dieses Buch verbindet die Themenbereiche Astrologie und Spiritualität. Neben einer fundierten und tiefgründigen Einführung in die Astrologie werden auch Bereiche der Spiritualität ausführlich behandelt. Dabei erfährt nicht nur der Tierkreis eine Neuinterpretation, sondern auch die Häuser und die Aspekte werden aus spiritueller Sicht beschrieben. Es werden Möglichkeiten aufgezeigt, uns von den uns belastenden Bereichen unseres Horoskops zu lösen und diese zu transformieren, so dass unser wahres menschliches Potenzial zur Entfaltung gebracht werden kann.
Außerdem werden viele Sachthemen der Astrologie behandelt, die in der astrologischen Literatur bisher nur wenig Beachtung fanden. Diese sind u. a. die Rückläufigkeit der Planeten, astrologische Zyklen, Astrologie und Buddhismus, die Hierarchie der Planeten, die Segmente, Ceres und Chiron und vieles andere mehr.
Sehr ausführlich werden auch Mond und Neumond aus spiritueller Sicht betrachtet.
Letztlich erfahren wir, wie sich die Astrologie als unser Wegbegleiter präsentiert.
Norbert Giesow geht es in diesem Buch darum, die Astrologie wieder mehr als Form der Einweihung zu beschreiben.

Arche Noah Musik -Buchverlag
Ammergauer Str. 80 86971 Peiting
Tel.: 0700-272436624 Fax: 0700-272436634
E-Mail: info@verlag-arche-noah.de
www.verlag-arche-noah.de

Brigitte Glaser
Kipperkarten-Buch
ca.208 Seiten, Softcover
Euro19,00 ISBN: 3-931721-40-X

Dieses Werk verschafft endlich einmal einen praktischen Überblick über die Kunst des Kartenlegens mit Kipperkarten. Das Buch ist durchgehend reich bebildert und durch die hohe Aussagekraft der Karten wird dem Einsteiger ein schneller Zugang zur praktischen Umsetzung ermöglicht. Neben der Vorstellung der einzelnen Kartenbilder werden verschiedene Kombinationsmöglichkeiten verständlich erläutert.
Das Besondere: für verschiedene Fragestellungen stehen mehrere Legesysteme zur Verfügung. Ein Arbeitsbuch von hohem praktischen Nutzen!

Brigitte Glaser
Erfahrungsberichte mit der Reiki Kraft
ca.208 Seiten, Softcover
Euro19,00 ISBN: 3-931721-50-7

Dieses Buch soll keine wissenschaftliche Abhandlung sein. Vielmehr möchte die Autorin mit den Erfahrungen ihrer Schüler sowie die ihres Mannes und ihrer eigenen, Reiki anschaulich und praxisbezogen vermitteln. Ihre Geschichten sollen dem Leser Mut machen, Reiki für sich und andere anzuwenden.
Mit einfachen Handhabungen kann man sich täglich Reiki geben. Meist reichen schon ein paar Minuten aus, um eine völlig neue Lebensqualität zu erlangen. Der Mensch ist selbst in der Lage, Körper, Geist und Seele in Einklang zu bringen und krankmachende Verhaltensmuster loszulassen.
Die aufgeführten Beispiele sind wahre Begebenheiten.

Arche Noah Musik -Buchverlag
Ammergauer Str. 80 86971 Peiting
Tel.: 0700-272436624 Fax: 0700-272436634
E-Mail: info@verlag-arche-noah.de
www.verlag-arche-noah.de

Johannes Fisslinger
Erfahre die Farben deiner Aura - und werde zum ;Meister deines Selbst
256Seiten, Softcover
Euro 20,00 ISBN: 3-931721-46-9

Das Verständnis für die Verbindung zwischen unserem Körper und unserem Geist ist nicht nur für unser Wohlbefinden unerlässlich, sondern auch für unser persönliches und spirituelles Wachstum.
Johannes Fisslinger der seit vielen Jahren die Entwicklung der Aura-Photographie entscheidend geprägt hat, beschreibt in diesem Buch das gesamte Spektrum der Aura-Farben mit den daszugehörigen Farbtypen. Es hilft uns anhand der Aura-Photographie mögliche Blockaden zu erkennen, diese sichtbar zu machen und sie zu überwinden. Das einzige, was wir dazu brauchen, ist Unvoreingenommenheit und den Willen, in unserem Leben einige Veränderungen herbeizuführen, um für uns das Leben zu erschaffen, das wir verdienen.

Volker Rimkus
Der Mann im Wechsel seiner Jahre
328 Seiten, Hardcover
Euro 22,00 ISBN: 3-931721-42-6

Lebenslust statt Lebensfrust im Alter

Dieses Buch macht zunächst deutlich, dass sich auch bei Männern die Wechseljahre einstellen. Es soll in erster Linie den betroffenen Mann und nicht den medizinischen Fachmann ansprechen. Alle medizinischen Zusammenhänge werden in leicht verständlicher Form geschildert und machen das Buch zu einem wertvollen Nachschlagewerk. Autor ist u.a. durch viele Fernsehsendungen bekannt geworden.

Arche Noah Musik -Buchverlag
Ammergauer Str. 80 86971 Peiting
Tel.: 0700-272436624 Fax: 0700-272436634
E-Mail: info@verlag-arche-noah.de
www.verlag-arche-noah.de

Rainer Lange
Quell der Heilung
Vol. 1, ca. 60 Min.
inkl. Posterbooklet
Reiki Lebensregeln &
Handpositionen
Euro 19,00
ISBN: 3-931721-11-6

Rainer Lange
Quell der Heilung
Vol. 2, ca. 60 Min.
inkl. Posterbooklet
Erklärung & Darstellung
des Chakrensystems
Euro 19,00
ISBN: 3-931721-17-5

Rainer Lange
Quell der Heilung
Vol. 3, ca. 68 Min.
inkl. Posterbooklet
Heilen mit Edelsteinen
Euro 19,00
ISBN: 3-931721-10-8

Die Erfolgsserie *„Quell der Heilung“* jetzt NEU in attraktiver Aufmachung im umweltfreundlichen DigiPack und jeweils mit einem Poster:

Unsere **Reiki**-Musik **„Quell der Heilung“** gehört inzwischen mit zu den beliebtesten CD´s auf dem gesamten Markt der Entspannungsmusik! Diese Musik ist speziell auf die **Reiki-Anwendung** bezogen – sie ist bis jetzt ohne Vergleich und hat sich auch in **Reiki-Seminaren** als sehr hilfreich erwiesen.

Die **heilenden Schwingungen** dieser Kompositionen unterstützen und intensivieren die Wirkung jeder **Reiki**-Anwendung. Sie ist in sich harmonisch abgerundet und erzeugt eine dem **„Wunder Reiki“** angemessene feierliche Stimmung. Das Tempo ist jeweils dem gesunden Herzrhythmus angepasst. Alle drei Minuten ertönen zwei sanft in den Fluss der Musik eingebettete Meereswellen, die einen dezenten Hinweis auf einen möglichen Positionswechsel geben.
Wegen ihrer eingehenden und wohltuenden Melodien ist diese Musik natürlich auch für alle weiteren Therapie- und Entspannungsformen oder auch einfach als harmonisierende Hintergrundmusik geeignet!